आगामी अतीत

कमलेश्वर

जन्म : 6 जनवरी, 1932 (मैनपुरी, उ.प्र.)।

शिक्षा : एम.ए. (इलाहाबाद विश्वविद्यालय)।

प्रकाशित रचनाएँ

कहानी-संग्रह : राजा निरबंसिया और कस्बे का आदमी, मांस का दरिया, खोई हुई दिशाएँ, बयान, जॉर्ज पंचम की नाक, आजादी मुबारक, कोहरा, कितने अच्छे दिन, मेरी प्रिय कहानियाँ, मेरी प्रेम कहानियाँ।

उपन्यास : एक सड़क : सत्तावन गलियाँ, डाक-बंगला, तीसरा आदमी, समुद्र में खोया हुआ आदमी, लौटे हुए मुसाफिर, काली आँधी, वही बात, आगामी अतीत, सुबह दोपहर शाम, एक और चन्द्रकान्ता, कितने पाकिस्तान, पति पत्नी और वह।

समीक्षा : नई कहानी की भूमिका, नई कहानी के बाद, मेरा पन्ना, दलित साहित्य की भूमिका।

नाटक : अधूरी आवाज, चारुलता, रेगिस्तान, कमलेश्वर के बाल नाटक।

यात्रा-संस्मरण : खंडित यात्राएँ, अपनी निगाह में।

आत्मकथ्य : जो मैंने किया, यादों के चिराग, जलती हुई नदी।

सम्पादन : मेरा हमदम : मेरा दोस्त तथा अन्य संस्मरण, समानान्तर-1, गर्दिश के दिन, मराठी कहानियाँ, तेलगू कहानियाँ, पंजाबी कहानियाँ, उर्दू कहानियाँ।

सम्मान : शलाका पुरस्कार, शिवपूजन सहाय शिखर सम्मान, साहित्य अकादमी पुरस्कार।

निधन : 27 जनवरी, 2007

कमलेश्वर

आगामी अतीत

राजकमल पेपरबैक्स

पहला पुस्तकालय संस्करण
1973 में प्रकाशित

राजकमल पेपरबैक्स में
पहला संस्करण : 2004
दूसरी आवृत्ति : 2015

राजकमल पेपरबैक्स : उत्कृष्ट साहित्य के जनसुलभ संस्करण

राजकमल प्रकाशन प्रा. लि.
1-बी, नेताजी सुभाष मार्ग, दरियागंज
नई दिल्ली-110 002
द्वारा प्रकाशित

शाखाएँ : अशोक राजपथ, साइंस कॉलेज के सामने, पटना-800 006
पहली मंजिल, दरबारी बिल्डिंग, महात्मा गांधी मार्ग, इलाहाबाद-211 001
36 ए, शेक्सपियर सरणी, कोलकाता-700 017

वेबसाइट : www.rajkamalprakashan.com
ई-मेल : info@rajkamalprakashan.com

बी.के. ऑफसेट
नवीन शाहदरा, दिल्ली-110 032
द्वारा मुद्रित

मूल्य : ₹ 95

AAGAMI ATEET
Novel by Kamleshwar

ISBN : 978-81-267-2659-2

यह उपन्यास

यह उपन्यास 'धर्मयुग' में कुछ संशोधनों के साथ धारावाही छपा था। यहाँ पर मैं अपने सहृदय पाठकों से मिले पत्रों में से सिर्फ़ चार ख़तों के अंश पेश कर रहा हूँ। उनमें से दो यहाँ लेखक के उत्तर सहित पेश हैं :

1. "...'आगामी अतीत' पढ़कर काफ़ी निराशा हुई। एक बात मैं जानना चाहूँगा कि आपके सामने वह कौन-सी आर्थिक, राजनीतिक, सामाजिक या कोई अन्य परिस्थिति थी जिससे प्रेरित होकर, आपने इस घटिया टाइप के उपन्यास की रचना कर डाली ?"

—अवतार काम्बौ, देहरादून

2. "...और यह जो आपका नया उपन्यास (आगामी अतीत) है, इसे 'किसी' से लिखवाया था ? बिल्कुल किसी चालू हिन्दी फ़िल्म की कहानी लगती है। तुम्हें हो क्या गया है ?"

—शमा ज़ैदी, बम्बई

श्रीमती शमा ज़ैदी तथा काम्बौ को जो जवाब मैंने भेजे थे, उनके अंश यहाँ दे रहा हूँ, चूँकि दोनों जवाबों में बात एक ही थी, इसलिए इस मिले-जुले अंश को सामने रख देना ज़रूरी है :

"...अफ़सोस सिर्फ़ इस बात का है कि तुम जैसी जागरूक दोस्त ने भी बात को नहीं पकड़ा। मैंने निहायत फूहड़ ढंग से रोमांटिकता को रोमांटिकता से ही तोड़ने की कोशिश इस उपन्यास में की है, और मैं जानता था कि इसे पढ़कर अच्छे-अच्छे ग़च्चा खाएँगे। तुम यह तो देखो कि उपन्यास की 'थीम' क्या है ? पूँजीवादी समाज के स्पर्धामूलक परिवेश में पड़कर जब आदमी अपने 'वर्ग' को भूलकर दूसरी तरफ़ (यानी सफलता की तरफ़) लाँघ जाता है और उस स्पर्धा से ऊबकर (और आदमियत खोकर) जब वह अपनों (या अपने वर्ग) के लिए

लौटता है, तब तक उसकी क्या हालत हो चुकी होती है ! पूरे उपन्यास में ग़लत जगहों और ग़लत नामों से काम लिया गया है, क्योंकि आज के सूडो और तथाकथित यथार्थवादी सतही यथार्थ को देखते ही 'वाह-वाह' करते हैं—पर जहाँ 'थीम' या 'कथ्य' के यथार्थ को उठाया जाता है, वे वहाँ तक पहुँचने की ज़हमत नहीं उठाते। यह उपन्यास रोमांसवादियों और सूडो-यथार्थवादियों (या प्रकृतिवादियों) के लिए एक जाल है जो लेखक ने फेंका था...यह तो लेखक को भी बखूबी मालूम है कि दार्जिलिंग में 'दार्जिलिंग होटल' नाम की कोई जगह नहीं है और यह भी कि 'नीली घाटी' और 'धौलपुर' नाम की कोई बस्तियाँ उस इलाक़े में नहीं हैं, और यह भी पता है कि रोमांसवादी स्टॉक संवाद क्या होते हैं, फिर भी लेखक उन्हें देता है और भूगोल की भी परवाह किए बग़ैर ग़लत नामों का जान-बूझकर इस्तेमाल करता है...तुमने यह भी नहीं सोचा कि आख़िर यह सब क्यों किया गया है ? सोचती कैसे ? क्योंकि 'कथ्य' तक जाने की आदत ही छूट चुकी है।

"...इस उपन्यास की ऊपरी रोमेंटिक ख़ोल के भीतर जो कथ्य है, वह है—इस पूँजीवादी व्यवस्था में स्पर्धा की (पैदा कर दी गई) मजबूरी। एक नौजवान और अपने वर्ग से जुड़ा हुआ आदमी जिस दिन यह सबूत दे देता है कि अब वह 'इस' स्पर्धा के लायक़ है, तो यह व्यवस्था तत्काल उसे हाथोंहाथ लेती है और उसके वर्ग से निकालकर अपने वर्ग में ले जाने की साज़िश करती है। और अन्ततः उसे उसके स्रोतों से काटकर (अपने मूल्यों का समर्थक बनाकर) अपने में शामिल कर लेती है। उस चकाचौंध और स्पर्धा में आदमी बेतहाशा जीता चला जाता है और जब उसे होश आता है तो वह पश्चात्ताप से भरकर अपनों को, अपने सही स्रोतों को याद करता है—लेकिन तब तक सब कुछ बदल-बिगड़ चुका होता है...जो वर्ग-विभाजन उसके बीच आ जाता है, वह तब पाटा नहीं जा सकता !

सस्नेह,
—कमलेश्वर"

दो पत्रों के अंश और पेश हैं :

1. "...चाँदनी का चरित्र ! शायद हिन्दी में ऐसे चरित्रों की श्रेणी में प्रेमचन्द के 'सेवा-सदन' की 'सुमन' को ही दोहराया जाता रहा है...चाँदनी वह दोहराव नहीं है !"

—एक लेखक-मित्र, कलकत्ता

2. आख़िरकार कमल बोस खाली हाथ लौटता है। निराश होकर या आहत होकर (या दोनों), यह बात और है, पर चाँदनी सही बात कह देती है—'अब...इसमें रखा क्या है !'

मल्लिका के घर से कालिदास शायद इसी तरह का कुछ अनुमान लगाकर लौट गया होगा, अन्त में (बक़ौल मोहन राकेश—'आषाढ़ का एक दिन')। राकेश की मल्लिका मौन थी, पर चाँदनी ने उत्तर दिया। कालिदास सृजनात्मक शक्तियों का प्रतीक है (वहाँ), तो (यहाँ) कमल बोस आज इस आपा-धापी के युग में सफलता का प्रतीक है, चरितार्थता का नहीं।''

—एक लेखक-मित्र, बलांगीर (उड़ीसा)

इन दोनों लेखक-मित्रों के नाम मैं जान-बूझकर नहीं दे रहा हूँ, वे मुझे कृपा कर क्षमा कर देंगे...क्योंकि आज के साहित्यिक माहौल में सही तत्त्व तक पहुँचनेवाले और रचना की गहरी खोजबीन करनेवालों को पक्षधर कहकर लांछित करने की रस्म निभाई जा रही है।

बम्बई : 20.12.75

कमलेश्वर

दार्जिलिंग होटल !

थके हुए मुसाफ़िर की तरह एक बड़ी-सी कार पोर्टिको में आकर रुक गई। कमल बोस ने इस बात का इन्तज़ार नहीं किया कि ड्राइवर आकर दरवाज़ा खोले। वे खुद ही उसे खोलकर उतर आए थे, और बाहर क़दम रखते ही उन्होंने निश्चिंतता की गहरी साँस ली।

ड्राइवर सामान निकालने में मशगूल हो गया।

शीशों के दरवाज़ों के पार से रिज़र्वेशन मैनेजर ने उन्हें गिद्ध की तरह ताका, कुछ पहचाना और लपककर बाहर आ गया। तब तक कमल बोस लॉन की किनारी तक पहुँच गए थे, जिसके नीचे एक उथली-सी घाटी थी। उन्होंने कोट के बटन खोल दिए और फ़ैल्ट हैट उतारकर छड़ी के साथ ही पकड़ लिया था।

उनका भव्य व्यक्तित्व और निखर आया था। लगभग सफ़ेद हो गए खूबसूरत घने बाल, छरहरा लम्बा शरीर...चेहरे पर पड़ी रेशमी झुर्रियाँ और चश्मे के भीतर से झाँकती गहरी आँखें।

सामने फैली खूबसूरती को देखकर जैसे ही उन्होंने बाईं ओर देखा तो बहुत अदब से मैनेजर ने नमस्ते की और बोला, "आई होप, एम. डी. मिस्टर कमल बोस ऑफ़ मानसी कैमिकल्स...वेलकम सर...!"

"यह, दैट्स राइट ! ताज्जुब है, कैसे जानते हैं मुझे ?" चलते हुए कमल बोस ने कहा।

"सात साल पहले मैं आपकी कम्पनी का सेल्समैन था। तब आपको इतने नजदीक से देखने का मौक़ा नहीं मिला, लेकिन पहचानने में दिक़्क़त नहीं हुई," मैनेजर ने कहा, "अब यहाँ रिज़र्वेशन मैनेजर हूँ।"

"ओह ! अच्छा किया कि आपने हमारी कम्पनी छोड़ दी।" कमल बोस ने मुस्कुराते हुए कहा।

"जी, ऐसी कोई बात नहीं थी..." मैनेजर अचकचाया, "आपकी कम्पनी की दवाइयों का ज़बर्दस्त मार्केट था। हमें कभी कैमिस्ट या

डॉक्टरों को ज़्यादा कन्विंस नहीं करना पड़ता था। मानसी कैमिकल्स की दवाइयों की साख थी—अब तो ख़ैर, और भी ज़्यादा है...हें...हें...'' मैनेजर ने कहा।

''छोड़िए दवाइयों और मार्केट की बातें ! दवाइयों की दुनिया से दूर चले जाने के लिए ही मैं यहाँ आया हूँ, ताकि कुछ और सोच सकूँ—क्लोरीन और तेज़ाब की महक से निकलकर यहाँ की ताज़ा हवा में कुछ साँसें ले सकूँ। मैंने ठीक किया है न ?'' कमल बोस ने अपनी आदत के मुताबिक शालीनता से दूसरे को सम्मान देते हुए कहा।

''जी ! यहाँ आप सब कुछ भूलकर रिलेक्स कर सकते हैं।'' मैनेजर ने कमरे का रास्ता बताते हुए कहा।

''सब कुछ भूला जा सकता है क्या ? आप ऐसा सोचते हैं ?'' कमल बोस ने फिर मैनेजर को महत्त्व देते हुए कहा।

''मेरे ख़याल से कुछ तो भूला जा सकता है।'' मैनेजर ने कमरे का ताला खोलते हुए अदब से कहा, ''योर रूम प्लीज़—रूम का नम्बर ट्वेंटी-फ़ाइव।''

''ट्वेंटी-फ़ाइव !'' कमल बोस ने फिर गहरी साँस ली, ''ट्वेंटी-फ़ाइव ! पच्चीस...'' फिर कमरे पर नज़र डालकर बोले, ''गुड...अच्छा कमरा है, थैंक्स !''

''फ़िलहाल आपके लिए चाय भिजवा दूँ ?''

''ज़रूर, एक प्याला खूब गरम चाय।''

मैनेजर चला गया। जब तक उन्होंने कपड़े बदले, ड्राइवर आ गया था। वह आकर खड़ा हो गया तो श्रीयुत कमल बोस ने कहा, ''ध्यानसिंह, तुम कलकत्ता लौट जाओ।''

''आपको तकलीफ़ होगी, साब !''

''तकलीफ़ नहीं होगी।'' उन्होंने पर्स से सौ-सौ रुपए के दो नोट ध्यानसिंह को देते हुए कहा, ''यह रख लो, यहाँ से सिलीगुड़ी के लिए ट्रेन मिलेगी और सिलीगुड़ी से सीधे कलकत्ता के लिए ! गाड़ी पार्क कर दो और चाबी मुझे देते जाना।''

''गाड़ी पार्क कर दी है...'' ध्यानसिंह ने चाबी मेज़ पर रखते हुए कहा, ''कलकत्ते के लिए और कोई हुक्म ?''

''ऊँ...कुछ नहीं !''

''अगर आप कहें, तो वापसी के लिए दस-पन्द्रह दिनों बाद मैं

हाज़िर हो जाऊँ ?''

''कुछ कह नहीं सकता, ध्यानसिंह ! इतने बरसों के बाद अब आराम करने आया हूँ, तो कुछ दिन रुकूँगा—और वहाँ भी कौन बैठा है जो इन्तज़ार करेगा ? तुम आराम से जाओ। ज़रूरत होगी, तब खबर देकर तुम्हें बुला लूँगा।'' कमल बोस ने आँखें बन्द करते हुए कहा।

''जी, सलाम !''

हाथ ज़रा-सा उठाकर उन्होंने ड्राइवर को आज्ञा दे दी कि वह चला जाए। ध्यानसिंह दरवाज़ा धीरे से बन्द करके चला गया। उन्होंने ब्रीफ़केस खोला और खुद ही व्यंग्य से मुस्करा-मुस्कराकर अपने कागज़ों को देखते रहे—''टु, चेयरमैन मेडिकल एसोसिएशन, इंडिया, बाम्बे। रिफ़रेंस...ए न्यू फ़ॉर्मूला फ़ॉर एक्यूट एस्थमा...'' कहते हुए उन्होंने काग़ज़ फाड़ा और वेस्ट पेस्टर बास्केट में डाल दिया—''दमा ! तपेदिक ! ब्रोंकाइटिस ! टायफ़ायड ! सिरदर्द, खाँसी, जुकाम...कीटाणु...जर्म्स...'' कहते-कहते वे एक-एक काग़ज़ फाड़ते जाते और बास्केट में डालते जाते—''फ़ॉर्मूला बारह...हिन्दुस्तानी जड़ी-बूटियों से तैयार किया गया है, हुँ...ए न्यू डिस्कवरी...इन अवर लैब ! अवर लैब...हुँ...!''

झुँझलाते हुए उन्होंने दवाइयों की फ़ाइल्स, पन्ने और काग़ज़ उसी बास्केट में डाल दिए और खुली हवा के लिए जाकर खिड़की खोली तो सामने चमक रहा था उन्हीं के मानसी कैमिकल्स का होर्डिंग, बड़े-बड़े अक्षरों में चीख़ता हुआ—खाँसी और सर्दी के लिए तुलवसाका। मानसी कैमिकल्स ! देशभर में सबसे विश्वसनीय दवाइयाँ बनानेवाले !

उन्होंने सूखते होंठों पर जीभ फेरी, गिलास से एक घूँट पानी पिया और मैनेजर को फ़ोन किया, ''देखिए, आप मेरा कमरा बदल सकते हैं ? कोई और कमरा दे सकते हैं ?''

एक क्षण बाद ही मैनेजर खुद कमरे में हाज़िर हो गया, ''जी, कोई तकलीफ़ ?''

''कुछ नहीं, मैनेजर साहब ! मैं जिस चीज़ से पीछा छुड़ाना चाहता हूँ, वही मेरे पीछे पड़ी है। ऐसा कमरा दे दीजिए, जहाँ से यह मानसी कैमिकल्स का विज्ञापन न दिखाई दे...मैंने आपको बताया था, अब बहुत ऊब गया हूँ इन दवाइयों की दुनिया से...इससे बिल्कुल दूर रहना चाहता हूँ। इफ यू कैन हेल्प मी...''

कमरा तो बदल गया, लेकिन कमल बोस को राहत फिर भी नहीं मिली। आख़िर राहत का यह ज़रिया भी नहीं था। शायद वह तो कुछ और ही था, जो बराबर उन्हें साल रहा था, चुभ रहा था। एक मटमैली याद, एक तकलीफ़देह दंश...!

रात-भर वे सो नहीं पाए। स्लीपिंग टेबलेट्स निकालीं, पर उन्हें गिलास में डालकर घुलते हुए देखते रहे कि देखें, पानी सोता है या नहीं। पानी नहीं सोया।

सुबह उठे तो मन भारी था, सिर भारी था। चाय का एक प्याला पीकर उन्होंने कपड़े बदले और अपनी छड़ी लेकर लोअर बाज़ार की तरफ़ निकल गए।

वही पुराना लोअर बाज़ार। पर अब तो कुछ भी वैसा नहीं था। रास्ते बदल गए थे। सीढ़ियाँ बदल गई थीं। पेड़-पौधे और दुकानें बदल गई थीं। चेहरे बदल गए थे।

अब तो राहत ही राहत थी। जब तक कोई न पहचाने, अच्छा ही है। इसीलिए वे कैमिस्टों की दुकान से कतराकर निकल रहे थे, ऐसा नहीं था कि उन्हें कैमिस्ट पहचान लेते, पर ऐसी कोई भी दुकान नहीं थी, जिस पर मानसी कैमिकल्स की दवाइयाँ न हों...।

अच्छा यही है कि आदमी सब कुछ भूल जाए...पर ऐसा हो कहाँ पाता है ! शमशाद के उस पेड़ के पास से गुज़रे, तो कुछ विद्यार्थी भी जा रहे थे। पाँच-सात लड़कियाँ भी देखती-शरमाती गुज़र गईं।

इनमें ऐसा क्या था, जो कौंध गया था ? उन लड़कों में ऐसा क्या था, जो उन्हें अपनी याद आ गई थी ? हल्की-सी एक याद लहराकर रह गई थी। लेकिन उसे लेकर या उसे याद करके कोई करेगा क्या ? और सब यूँ ही चलता है...कहाँ क्या रह जाता है...बहुत कुछ छूट जाता है !

छड़ियों की दुकान देखकर कुछ याद आया था। फिर वह याद भी मन से उतर गई।

होटल लौट आने के अलावा उनके लिए कुछ शेष नहीं रह गया था।

टहलना भी तो राहत नहीं देता ! वे लौट रहे थे, तो फिर कुछ लड़के गुज़रे—किताबें और बस्ते दबाए हुए। उसी तरह के घरों के लड़के, जिस तरह के घर से वे खुद आए थे। कच्चे मकानों और ठिठुरती सिदरियों वाले घरों के लड़के...वे इनसे अलग तो नहीं थे ? ऐसे ही तो वे खुद भी थे। इसी तरह स्कूल जाना, जैसे-तैसे पढ़ना और घर का काम देखना। माँ का हाथ बँटाना। सब्ज़ी लाना। दाल बीनना। चावल धोना। मछली काटना और माँ को मन्दिर ले जाना।

माँ को ज़्यादा दूर तक कोई भविष्य दिखाई नहीं पड़ता था। भविष्य का पता ही किसे था ? माँ जैसे-तैसे कमल बोस को पढ़ा रही थीं। वे कहाँ से उसकी पढ़ाई के लिए पैसे लाती थीं, यह भी उसे नहीं मालूम था। पिता की तो याद भी नहीं थी। वे आर्टिलरी में थे और युद्ध में मारे गए थे। तब माँ ने छोटे-से मकान का एक हिस्सा किराए पर उठाकर गुज़र-बसर करने का वसीला पैदा कर लिया था। यह तो कमल बोस को माँ के मरने के बाद पता चला था कि वह मकान भी उनका नहीं था। वह तो मामा ने मेहरबानी करके उसकी माँ को दिया हुआ था, ताकि गुज़र-बसर हो सके। कमल बोस का कुछ भविष्य बन सके।

लेकिन क्या यही भविष्य था ? प्रतियोगिता की दौड़ में दौड़ते-दौड़ते दुनिया-भर को जीतकर अपनी आत्मा को हार जाना !

मन नहीं लगा, तो श्रीयुत कमल बोस वापस होटल लौट गए। वही लॉन और फूल। वही पहाड़ियाँ और कमरा। कुछ लोगों को पता लग गया था कि वे आए हुए हैं, इसलिए मिलनेवालों की कमी नहीं रही। तरह-तरह के निमन्त्रण और इसरार। लेकिन इनमें दोस्त कहाँ थे ?

इन पच्चीस वर्षों में कोई दोस्त भी तो नहीं बना। इकलौता दोस्त था प्रशान्त। वही अकेला बचपन का दोस्त था, जो कमल बोस के साथ-साथ पढ़ा था। उनके मुक़ाबले तो वह घर का बहुत अच्छा था। माँ ने कभी उन्हें मालूम ही नहीं होने दिया कि वे कब क्या इन्तज़ाम कहाँ से कर लाती हैं ! उन दिनों घर की जो हालत थी, उसमें कमल बोस बी.एस-सी., एम.एस-सी. तक पहुँचने की बात नहीं सोच सकते थे और माँ की ग़रीबी और मज़बूरी के कारण कभी कुछ मुँह खोल के माँ से कह भी नहीं पाते थे, पर डॉक्टरी पढ़ने की उनकी बहुत इच्छा

थी। तब एक दिन प्रशान्त ही ने उनकी माँ से कहा था कि 'कमल प्री-मेडिकल टेस्ट में तो पास हो गया है पर उसकी हिम्मत आपसे कुछ भी कहने की नहीं हो रही है। उसे लगता है कि कलकत्ता जाकर डॉक्टरी पढ़ने का ख़र्च माँ कहाँ से लाएँगी !' माँ ने सब कुछ चुपचाप सुना था और दूसरे ही दिन कमल बोस ने उन्हें 'मारवाड़ी चेरिटेबल ट्रस्ट' के दफ़्तर में देखा था। भाग-दौड़ करके माँ उसकी डॉक्टरी की पढ़ाई के लिए दान का इन्तज़ाम करवा आई थीं। यह वज़ीफ़ा अगर माँ ने न बँधवाया होता तो वे कहाँ से डॉक्टरी पढ़ते ? कमल बोस को तो पता भी नहीं चला था कि यह सब कैसे मुमकिन हुआ था। सचमुच बेटे के लिए माँ बड़ी चमत्कारी होती है...वे और प्रशान्त तब साथ-साथ मेडिसीन पढ़ने कलकत्ता गए थे। मेडिसीन पढ़कर प्रशान्त आर्मी में चला गया था।

उन्हें याद आया कि उन्हीं दिनों जब प्रशान्त आर्मी में चला गया था और कमल बोस की ज़िन्दगी का रास्ता एकाएक बदला था तो प्रशान्त का एक ख़त मिला था, जिसमें उसने पूछा था कि दवाइयों की फ़ैक्टरी का मालिक होकर कैसा लगता है ? हाँ, तब कमल बोस दवाइयों की एक फ़ैक्टरी के मालिक बन गए थे...उसका व्यंग्य तो उनकी समझ में आ गया था। शायद प्रशान्त तब दुखी या नाराज था कि वे एकाएक इतने बड़े आदमी हो गए हैं ! और आगे प्रशान्त ने उपदेशक की तरह यह भी लिखा था कि ज़िन्दगी में जो कुछ अपने आप हासिल नहीं किया जाता दोस्त, वह बहुत काम नहीं आता।

उन्होंने सामने रखा चाय का प्याला सरका दिया और फ़र्श की ओर देखते हुए गहरी साँस ली। फ़ोन की तरफ़ हाथ भी बढ़ा कि प्रशान्त होगा तो यहीं माउंटेनियरिंग इंस्टीट्यूट में, उससे इतने बरसों बाद मिल लें...पर फिर मन नहीं हुआ। अख़बारों से एक बार इतना ही मालूम हुआ था कि नन्दादेवी तक पहुँचने में जिस पर्वतारोही दल ने सफलता पाई थी, उनमें प्रशान्त भी था। वह आर्मी की माउंटेन डिवीज़न में चला गया था, फिर पर्वतारोहियों के दल में डॉक्टर की हैसियत से शामिल हो गया था और दार्जिलिंग में ही माउंटेनियरिंग इंस्टीट्यूट में इंस्ट्रक्टर-डॉक्टर है शायद...।

यों प्रशान्त भी बहुत बड़ा आदमी हो गया है, पर फिर उन्हें उसके ख़त की वही लाइन याद आ जाती है—जो कुछ अपने आप हासिल नहीं

किया जाता दोस्त...।

उन्हें लगा कि न मालूम प्रशान्त कैसे मिले ? कहीं उसकी आँखों में कुछ और न हो ?

फिर उन्होंने मन को समझा लिया या फ़ोन न करने का बहाना ढूँढ़ लिया कि शायद वह यहाँ होगा ही नहीं। आर्मी में वापस चला गया होगा...।

शाम को बेमन से एक पार्टी पर जाना पड़ा। पार्टी से लौटकर नींद अच्छी आ गई थी। दिमाग़ बेतरह थक गया था।

फिर कुछेक दिन यों ही निकल गए सोते-ऊँघते और दूरबीन से इधर-उधर ताकते—फूलों को, तितलियों को, घास की नरम उँगलियों को, बर्फ़ीली चोटियों को !

दूरबीन से चीज़ें कितनी पास आ जाती हैं...वे सब जो बहुत दूर-दूर होती हैं।

और यह मन की दूरबीन ! कितनी दूर अतीत में ले जाती है—अतीत की यात्रा पर ! एक ऐसी यात्रा पर, जो अधूरी छूट गई थी। पच्चीस बरस पहले जो रुकी रह गई थी...।

पता नहीं, अब कैसी होगी चन्दा ! होगी भी या नहीं, उसी घर में होगी या कहीं और ? उसके बूढ़े बाप का क्या हाल होगा ? वे जीवित होंगे या नहीं ? वह मकान उसी जगह होगा या नहीं ? चन्दा ने उनके जाने के बाद कब तक प्रतीक्षा की होगी ? की भी होगी या नहीं ? शायद शादी करके वह घर-गृहस्थी बसाकर अपने में खुश हो, और अब उसका इस तरह पहुँचना ठीक न हो ! वह पहचाने या न पहचाने ! पहचानकर भी पहचानने से इनकार कर दे या घृणा से मुँह फेर ले या सीधे-सीधे पूछे—अब क्यों आए हो ? जो कुछ कह गए थे, उसका ध्यान अब पच्चीस बरस बाद आया है ? क्या तुमने चन्दा को भी और लड़कियों की तरह समझ रखा था ? मैंने तो तुमसे कुछ माँगा नहीं था...तुम्हीं अपने आप कह गए थे। आदमी के वादों पर भरोसा करना कितनी बड़ी गलती होती है, यह अब समझ पाई हूँ।

जगह-जगह सीढ़ियों से उतरते और लोअर बाज़ार की ओर जाते, तरह-तरह से पेश आती हुई चन्दा उन्हें मिली थी। उसी मकान में। उसी दरवाज़े पर। उसी जगह। उनके पास कोई जवाब तो नहीं था, पर फिर भी उस याद में एक आकर्षण ज़रूर था, जो बरबस उन्हें उधर बेसाख़्ता खींचे लिए जा रहा था। मन में कहीं दर्द भी था...और रह-रहकर एक ख़याल आता हुआ कि अगर उस वादे के मुताबिक चन्दा ने अपनी ज़िन्दगी बरबाद कर ली होगी, तो एक मर्दाने सन्तोष के साथ-साथ उसे अफ़सोस भी होगा। सन्तोष यह कि एक लड़की ने ज़िन्दगी देकर भी उनकी प्रतीक्षा की और अफ़सोस यह कि उनकी ख़ातिर एक लड़की ने अपनी ज़िन्दगी लँगड़ी कर ली।

वे सीढ़ियों से नीचे उतर रहे थे कि ठिठक गए। लगा, जैसे चन्दा खड़ी है और उनसे पूछ रही है—तुम आ गए ? लेकिन अब क्यों आए हो ?

उनके सामने जैसे सब कुछ घटित होने लगा—पच्चीस साल पहले की वह घटना। जब वे एम.बी.बी.एस. की तैयारी के लिए घर दार्जिलिंग आए थे...माँ तब तक जीवित नहीं रह पाई थीं। वे नहीं देख पाई थीं कि कमल बोस ने डॉक्टरी पास कर ली है। माँ की याद बहुत सालती थी और हर क्षण किसी के सहारे की तलाश मन में बनी रहती थी...कोई सहारा—माँ की तरह ! कोई अपना—माँ की तरह ! उतना ही ख़ामोश और उतना ही चमत्कारी ! बिल्कुल माँ की तरह...माँ की याद और दिन-भर पढ़ना। फिर माँ की याद और रात-भर पढ़ना...एक न एक किताब हर वक़्त हाथ में रहती थी। कहीं घूमने भी निकलते, तब भी चलते-चलते रास्ते में ही किताब खोलकर पढ़ने लगते थे। पाँच साल बाद वे कलकत्ते से आए थे। एम.बी.बी.एस. की पढ़ाई में वक़्त ही नहीं मिला था। माँ की मौत पर एक बार आना हुआ था। उसके बाद तो दार्जिलिंग से जैसे उनका सम्बन्ध ही टूट गया था। माँ की मौत के बाद फिर कभी आने का मन ही नहीं हुआ। फ़ाइनल की पढ़ाई एकान्त में न करनी होती तो शायद तब भी वे न आते। इन चार-पाँच वर्षों में शहर काफ़ी बदल गया था।

उन्हीं दिनों की बात है जब वे पढ़ाई के लिए आए थे और उस दिन भी उसी तरह किताब खोले, पढ़ते हुए इन्हीं सीढ़ियों से उतर रहे

थे कि पैर फिसला था और वे लड़खड़ाते हुए नीचे गिरे थे। पैर में सख़्त मोच आ गई थी और वे कराहते हुए वहीं बैठे रह गए थे। गुज़रती चार-पाँच लड़कियाँ खिलखिलाकर हँस पड़ी थीं। पर सीढ़ियों के नीचे खड़ी लड़की उस हँसी में शामिल नहीं हुई थी। कमल बोस ने कातर दृष्टि से उसे देखा था। वह चुपचाप अपने रास्ते पर चली गई थी। यह तो बाद में पता चला कि चन्दा यही थी।

एक आदमी ने उन्हें सहारा दिया था। "यहाँ आस-पास कोई डॉक्टर है ?" अपना दर्द दबाते हुए कमल बोस ने पूछा था।

"डॉक्टर तो यहाँ एक ही है। वह हफ़्ते में दो बार आता है। एक वैद्यजी जरूर पास ही रहते हैं।" कहकर उस आदमी ने कमल बोस को सहारा देकर गली में वैद्यजी के घर तक पहुँचा दिया था।

छोटा सा टेढ़ा-मेढ़ा मकान। सामने एक चबूतरा। चबूतरे पर पड़ा एक तख़्त। नीचे एक कमरा। ऊपर रहने की जगह। ऊपरवाली मंजिल में एक खिड़की। और, दुकान के बाहरवाली दीवार पर ही टीन का एक बोर्ड लटक रहा था—'धनवन्तरि औषधालय'। यहाँ नश्तर भी लगाया जाता है और बिच्छू काटने का ख़ास इलाज होता है—वैद्य दिलबहादुर थापा, रजिस्टर्ड।'

कमल बोस को थोड़ा-सा आश्चर्य भी हुआ था...अपनी ही बस्ती की कोई-कोई इमारत या घर कितना अ-पहचाना लगता है ! यहीं बचपन गुज़रा, पर इसी शहर में एक गली इतनी छुपी रह गई !

लँगड़ाते हुए जब कमल बोस उनके कमरे में घुसा था, तो देखते ही वैद्यजी बोले थे, "लगता है, पैर में मोच है।"

"जी।" कहते हुए वह बैठ गया था।

और टख़ने पर सूज आई जगह पर तारपीन के तेल की मालिश करते हुए वैद्यजी ने सब सवाल उससे कर डाले थे, "तुम यहाँ के नहीं लगते...कहाँ के हो ?"

"जी, हूँ तो यहीं का, पर अब कलकत्ता का समझिए ! वहाँ मेडिकल कॉलेज में पढ़ता हूँ। डॉक्टरी का आख़िरी साल है।"

"यहाँ कैसे आए ?"

"पढ़ाई करने। इम्तहानों से पहले दो महीने की छुट्टी मिलती है,

तो सोचा, एकान्त में जमकर पढ़ाई की जाए। हमारे मामा रहते थे यहीं, अब वे बर्दवान में रहते हैं। चार साल हुए, माँ भी नहीं रहीं। तब से यहाँ आना नहीं हुआ...अब तो सिर्फ़ इम्तहान की तैयारी करने आया हूँ..।''

''अच्छा, एक बात बताओ...हमारी यूनानी और आयुर्वेदिक औषधियों का मुक़ाबला तुम्हारी अंग्रेजी दवाइयाँ कर सकती हैं ?'' वैद्य जी को उनकी बातों से जैसे कुछ लेना-देना नहीं था, उन्हें अपनी आयुर्वेदिक दवाइयों से ज़्यादा मतलब था।

''मेरे ख़याल से तो अंग्रेजी दवाइयाँ बेहतर होती हैं।'' कमल बोस ने हिचकिचाते हुए कहा था।

तभी वैद्यजी ने भीतर दरवाज़े की ओर देखा था। एक छाया-सी गुज़री थी। उन्होंने ऐसे ही आवाज़ लगाई थी। ''कौन है ? चन्दा ?'' लेकिन कोई उत्तर नहीं मिला था। फिर उन्होंने बात जारी रखी थी, ''अंग्रेजी दवाइयों में जो सबसे बड़ा ऐब है, वह यह कि एक बीमारी ठीक करती हैं, तो दूसरी शुरू कर देती हैं...यक्ष्मा की दवा करो तो नज़र कमज़ोर होने लगती है, याददाश्त ख़त्म होने लगती है...पित्त की दवा करो तो दमे की शिकायत शुरू हो जाती है।''

''कुछ ग़लत असर तो हो जाता है कभी-कभी।'' कमल बोस ने टालने के लिए कहा था।

''आयुर्वेदिक और यूनानी दवाइयों में ऐसा बिल्कुल नहीं है। हाँ...यही ख़ासियत है ! और इस पेशे की सबसे बड़ी ख़ासियत है–पर-सेवा ! पता है, मैं वैद्य कैसे हुआ ? चन्दा की माँ राजयक्ष्मा की शिकार हो गई थी...'' वैद्यजी अपनी ही कहानी और अपनी ही दुनिया में डूबे हुए थे। वे कहते जा रहे थे, ''चन्दा की माँ ने दस बरस तकलीफ़ पाई। जब सब जगह से हार गया, तो उसका इलाज करने के लिए मैंने खुद पुस्तकें पढ़नी शुरू कीं। बचा तो उसे नहीं पाया, पर वह मुझे वैद्य बना गई....तब से यही सेवा करता आ रहा हूँ...आयुर्वेदिक कॉलेज से बाद में डिप्लोमा भी ले लिया...तुम्हें डिग्री कब मिलेगी ?''

''इसी साल।''

''बहुत अच्छा है, बहुत अच्छा है।''

वैद्यजी ने एक लेप लगाकर पैर पर पट्टी भी बाँध दी थी और चलते वक़्त एक छड़ी भी दे दी थी, ''इसके सहारे चले जाओ।'' और

चबूतरे से उतरते हुए उन्होंने पूछा था, "तुम्हारे मामा तो बर्दवान में हैं, तुम कहाँ ठहरे हो ?"

"जी, मामा के मकान में तो किराएदार हैं...उन्हीं के एक दोस्त हैं श्रेष्ठजी, बाज़ार रोड पर...एम्पोरियम की बग़ल से गली गई है, उसी में श्रेष्ठजी का मकान है, उसी में एक कमरा मिल गया है।"

"दुर्गा श्रेष्ठ के घर...अच्छा, अच्छा ! तुम्हारी मोच तो इसी से ठीक हो जाएगी। कल तक आराम से चलने लगोगे...दर्द रह जाए तो चले आना।" वैद्यजी ने कहा और भीतर चले गए।

मोच का दर्द तो निकल गया था, पर कसक बाक़ी थी।

पढ़ने के लिए शान्तिनिकेतनी झोले में किताबें भरकर वह जंगल की ओर निकल जाता। रह-रहकर टख़ना दुखने लगता, इसलिए उसने पट्टी बाँध रखी थी। शायद तीसरा ही दिन था। जंगल में एक खुली-सी जगह पर बैठा वह अपनी पढ़ाई में मशग़ूल था कि एकाएक एक लड़की की बेसाख़्ता हँसी ने उसका ध्यान खींचा था। उसने इधर-उधर देखा...फिर पीछे की ओर–एक लड़की बेतहाशा हँसे ही चली जा रही थी। वह उसकी हँसी का कारण नहीं समझ पा रहा था, और वह अपनी हँसी रोक नहीं पा रही थी। तब कमल ने ग़ौर से देखा–और वह अवाक् रह गया था–यह तो वही लड़की थी, जो उस दिन सीढ़ियों से फिसलते समय बाक़ी बदतमीज़ लड़कियों से अलग चुपचाप खड़ी रही थी, जो बिल्कुल हँसी नहीं थी। उसे पहचानते ही कमल का मन धुल आया और उसे भी हँसी आने लगी थी, पर क्यों, यह वह खुद भी नहीं समझ पाया था। हँसी तो छूत के रोग की तरह लगती है न !

"तुम इस तरह क्यों हँस रही हो ?" आख़िर कमल ने पूछा था। और उसकी हँसी का फ़व्वारा फिर टूट पड़ा था, "आख़िर हुआ क्या !" कमल ने दोबारा टोका था और अपने को चारों ओर से देखा था कि कहीं कोई मज़ाक या गड़बड़ की बात तो नहीं।

"उस दिन...उस दिन...तुम सीढ़ियों से लुढ़के थे न...?" वह हँसते-हँसते बोली थी।

"तब तो तुम बिल्कुल नहीं हँसी थीं !" कमल ने उसकी बात काटते हुए कहा था।

"हाँ...वही, उस दिनवाली हँसी आज आ रही है। वहाँ हँसना ठीक नहीं था न।" उसने कहा था।

"ओह !" कहकर फिर हँस पड़ा था। फिर कमल ने कहा था, "बहुत समझदार हो। पर यहाँ जंगल में क्या करने आई हो ?"

"मैं तो अपने काम से आती हूँ, तुम यहाँ क्या करने आते हो ?"

"मैं पढ़ने आता हूँ। इम्तहान दे रहा हूँ डॉक्टरी का।"

"हमें मालूम है। सब कुछ मालूम है।"

"मालूम है !" कमल ने आश्चर्य से देखा था। "क्या मालूम है ?"

"यही कि तुम डॉक्टरी का इम्तहान दे रहे हो। यहाँ रहकर एकान्त में पढ़ाई करने आए हो। इसी साल डॉक्टर हो जाओगे...अगर पास हो गए तो..."

"अरे...यह सब तुम्हें कैसे मालूम हुआ ?"

"सुनो, तुम्हारी कुछ मदद करूँ ? बस्ती में एक घोड़ा डॉक्टर रहता है, उससे पढ़ लिया करो। मैं कह दूँगी।"

"घोड़ा डॉक्टर !"

"हाँ !" और वह फिर हँस दी थी, "जो अपना इलाज नहीं कर सकता, वह दूसरों का क्या करेगा ?"

"लेकिन तुम यहाँ क्या करने आई हो ?"

"अपने-अपने मौसम में यहाँ जड़ी-बूटियाँ होती हैं। उन्हें बीनने आती हूँ। अब तुम्हारा दर्द कैसा है ?" कहते हुए उसने मोचवाली जगह पर अँगुली रखकर दबाया था, तो कमल धीरे से चीख़ पड़ा था। फिर हँसकर वह बोली थी, "तारपीन का तेल तो ठीक है, पर इसका दर्द बिल्कुल खींच लेने के लिए अंडी का पत्ता बाँध लेते तो बहुत आराम मिलता।"

"अंडी का पत्ता !"

"हाँ, पर वह तो इन दिनों मिलेगा नहीं। एक और बूटी होती है। मैं अभी लाती हूँ।" कहकर वह उठी थी और कुछ दूर झाड़ियों में से खोजकर एक बड़ा-सा पत्ता तोड़ लाई थी, "इसे रात को गरम करके बाँध लेना, समझे...जो कसक बाक़ी रह गई होगी, वह भी दूर हो जाएगी।"

"कसक ?"

"हाँ !" उसने बड़ी-बड़ी आँखें चमकाई थीं।

"कसक ! कैसी होती है कसक ?" कमल ने शैतानी से पूछा था।

"अभी नहीं जाने ? जान जाओगे कभी।" उसने बहुत सहजता से कहा था।

एक क्षण उसे ग़ौर से देखकर कमल ने कहा था, "तुम तो बड़ी रहस्यमयी हो !...क्या-क्या जड़ी-बूटियाँ इस मौसम में फूलती हैं ?"

"बुरूंस का फूल देखा है ?"

"नहीं, कैसा होता है ?"

"वह इसी मौसम में यहीं फूलता है...तुम्हारे कलकत्ते में नहीं फूलता वह फूल !" वह बोली।

"कलकत्ते में ! तुम्हें कैसे मालूम, मैं कलकत्ते में रहता हूँ...ताज्जुब है !"

"कहा न, मुझे सब मालूम है। तुम्हारे जन्म-जन्मान्तरों के बारे में भी मालूम है।" कहते हुए वह हँस दी थी, "देखो, मैं आक के फूल बीनने आई थी।" कहते हुए उसने अपनी झोली में जमा आक के फूल दिखा दिए थे।

"इनका क्या करती हो ?"

"अरे डॉक्टर हो, इतना भी नहीं मालूम ? सातों नमक ले लो और इन्हें सुखाकर कूट-पीसकर मिला लो, तो भीतर के सब दर्द दूर हो जाते हैं।"

"तुम तो पूरी डॉक्टर हो ?"

"आख़िर वैद्य की बेटी हूँ।"

"ओह ! अब समझा। पर वहाँ तो तुम दिखाई ही नहीं दी थीं !"

"मैंने तो तुम्हें देखा था। यों घर पर कोई लड़की किसी को... सामने आकर देखती है क्या ? यह तुम्हारे कलकत्ते में होता होगा..." वह शोख़ी से बोली थी, "बाबा लेप कर रहे थे और तुम अपने बारे में बताते जा रहे थे। तभी सब सुन-जान लिया था।"

कमल ने उसे ग़ौर से देखा था। और उसके बाद कुछ ऐसा घटित हुआ था, जो उसने पहले कभी अनुभव नहीं किया था।

वे बातें करते-करते बस्ती की तरफ़ लौट आए थे। घर की ओर

चलते-चलते उसने इतना ही कहा था, "मेरे बाबा की छड़ी लौटा जाना। उन्होंने अपनी छड़ी तुम्हें दे दी थी।"

वह बात का मतलब समझ गया था। दूसरे ही दिन वह छड़ी लौटाने पहुँचा था, तो चन्दा औषधालय के दरवाज़े पर ही मिली थी, "किसे पूछ रहे हैं ?" उसने बिल्कुल अपरिचित बनते हुए पूछा था।

एक क्षण के लिए वह अचकचाया था। फिर उसकी मजबूरी या शैतानी देखकर उसने बड़ी शालीनता से कहा था, "वैद्यजी हैं ?"

"वे मरीज़ देखने गए हैं। घंटे-भर में आएँगे।"

"मैं औषधालय में बैठकर इन्तज़ार कर लूँ ?" कमल ने कहा, तो उसी शैतानी से उसने जवाब दिया, "आप घंटे-भर बाद ही आ जाइए। यहाँ बैठकर क्या करेंगे ?"

वह कुछ भी समझ नहीं पाया कि यह कैसा व्यवहार था। उसे झटका देने के लिए वह मुड़ा ही था कि आवाज़ आई, "हो सकता है, जल्दी ही आ जाएँ, आप इन्तज़ार कर लीजिए।"

और कमल इधर-उधर ताक कर कोठरी में घुस गया था। एक मोढ़े पर उसे बैठाकर वह एक मोटा-सा ग्रन्थ उठा लाई थी, "इसे पढ़ोगे ? यह डॉक्टरी का है, घोड़ा डॉक्टरी का नहीं।" कहकर वह हँसी थी, पर उसने आँचल मुँह में दबाकर अपनी हँसी को वश में कर लिया था।

वैद्यजी आए थे, तो उसने बिल्कुल अनजान बनते हुए कहा था, "बाबा, कोई मरीज़ इन्तज़ार कर रहा है।" और उसे देखती हुई भीतर चली गई थी।

उसके बाद जब चन्दा जंगल में फिर मिली थी, तो कमल ने उसकी बाँह मरोड़ते हुए पूछा था, "मेरा नाम क्या है ?"

"कोई मरीज़ ! नहीं...?" वह शोखी से बोली थी, "बाबा को और क्या बताती ? छोड़ो मुझे...!" कहते हुए उसने उसकी बाँह पर काट लिया था।

"कटखनी कहीं की ! जा के अपनी जड़ी-बूटियाँ बीन !"

चन्दा मान करके चल दी थी, तो कमल ने उसे लपककर पकड़ लिया था, और वह शरमाकर सिमट गई थी। तब कमल ने बहुत प्यार

से पूछा था, "तुम इतनी आसानी से बदल कैसे जाती हो ? पहचानने से एकदम इनकार कर देती हो।"

"तुम्हारे कलकत्ते की लड़की नहीं हूँ, कुछ लाज-शरम भी होती है।" फिर एकदम वह उसकी किताब खोलकर बैठ गई थी और मास्टरनी की तरह सवाल पूछ बैठी थी, "हाँ बताओ, बिच्छू काट ले तो क्या करोगे ?"

"बिच्छू काट ले तो किताब बन्द कर देंगे। ऐसे !" कमल ने किताब छीनी तो लपककर उसने फिर छीन ली। "जो-जो पूछती हूँ उसका जवाब दो, नहीं तो फेल कर दूँगी," कहते हुए उसने फिर किताब खोली, तो उसमें से एक तस्वीर निकल आई—कमल की तस्वीर। उसने तस्वीर को ग़ौर से देखा, फिर कमल को, और दोनों की सूरत मिलाकर हँस पड़ी, "क्यों, ये शक्ल ठीक है या ये ?" उसने तस्वीर और उसके चेहरे को देखते हुए कहा।

"ये !" कमल ने अपने चेहरे की ओर इशारा किया।

"नहीं, ये ज़्यादा सुन्दर है। मैं ले लूँ इसे ?"

"अरे, तुम क्या करोगी ? रखोगी कहाँ...किसी ने देख ली तो ?"

"कोई नहीं देख पाएगा...जब तक मैं न चाहूँगी, कोई नहीं देख पाएगा।" कहते हुए उसने वह तस्वीर अपने ब्लाउज़ में छिपा ली थी।

"कब तक छुपाए रहोगी मुझे ?"

"जब तक तुम चाहोगे।"

और घर लौटने पर बाबा से प्यारी-सी डाँट पड़ी थी। चन्दा ज़रूरी पौधों की टहनियाँ जमा करना भूल गई थी। सारा वक़्त कमल के साथ ही ख़र्च हो गया था। एकाएक घबराकर बोली, "अब क्या होगा ? मुझे तो आक के फूल बीनने थे...वे तो उस पहाड़ी पर होते हैं। बाबा बहुत नाराज़ होंगे।"

"उस पहाड़ी पर अभी चले चलते हैं।"

"अभी चले चलते हैं ! हुँ, पता है, कितनी दूर है वह ? मैं यहीं से कुछ और बूटे तोड़े लेती हूँ।" कहकर उसने जल्दी-जल्दी वहीं घास के बीच से कुछ पौधे उखाड़कर जमा कर लिए थे। घर पहुँची थी, तो बाबा की डाँट पड़ी थी, "यह क्या उठा लाई है ? बकरियों का चारा ?

तेरा ध्यान कहाँ रहता है चन्दा ?''

''उस पहाड़ी तक पहुँच ही नहीं पाई ?''

''क्यों ?''

''एकाएक नाले में पानी आ गया था।''

''तो ये ले, जा के बकरियों को डाल दे।'' बाबा बोले थे।

''मैं कल ज़रूर ले आऊँगी।''

और दूसरे दिन वे अपनी मस्ती में डूबे उस दूर वाली पहाड़ी की ओर चले जा रहे थे। नाला आया तो चन्दा ने रुककर उसे सब बताया था और कहने लगी थी, ''मैं खटाक से झूठ बोल गई कि यह नाला पानी से भर गया था, इसलिए नहीं जा पाई।''

''झूठ बोलने में तुम्हें क्या लगता है ? तुम्हारे लिए तो मामूली बात है।'' कमल ने छेड़ा था।

''एक बात बताऊँ, बोला हुआ झूठ अगर पलट जाए, तो बहुत दुख देता है।''

''मतलब ?''

''झूठ बोलना नहीं चाहिए।'' कहते हुए वह सूखा नाला फाँद गई थी।

और, पहाड़ी पर पहुँचकर वे आक के पत्ते और फूल जमा करते रहे थे। चन्दा उसे समझाती रही थी, ''ऐसे नहीं, ऐसे तोड़ो। इसका दूध पत्तों में नहीं लगना चाहिए।

जब, पत्तों, फूलों और टहनियों का पूरा ढेर जमा किए वे बैठे थे तो एकाएक बादल घिर आए थे। बारिश शुरू हो गई थी और वे दोनों एक-दूसरे को ढाँपे एक पेड़ के नीचे दुबक गए थे।

बारिश थमी थी, तो चन्दा ने अपनी बाँहें देखते हुए कहा था, ''अब मैं तुमसे दूर नहीं रह पाऊँगी...इस बारिश ने...'' कहते-कहते वह रुक गई थी।

''मैं भी नहीं रह पाऊँगा, चन्दा !''

''कलकत्ता जाकर सब भूल जाओगे। फिर ज़िन्दगी में कभी याद भी नहीं करोगे कि कोई चन्दा थी...क्यों ?''

''यह अब शायद मुमकिन नहीं हो पाएगा। कल रात मैं यही

सोचता रहा कि लौटकर जाऊँ ही नहीं। यहीं कुछ काम कर लूँ। एक छोटा-सा घर बना लूँ और सारी जिन्दगी हम दोनों यहीं रहें ! माँ की याद भी आती है, चन्दा...उनकी याद के साथ हम दोनों रह लेंगे... ।''

''सच ?''

''हाँ, चन्दा !''

''झूठ !''

''झूठ बोलूँगा तो पलटकर बहुत दुख होगा...नहीं ?''

चन्दा उसे एकटक ताकती रही थी, फिर बोली थी, ''देखो, उतना ही कहना, जितना कर पाओ, जितने में तुम्हारा मन विश्वास करे।''

''मेरा मन बहुत ज़्यादा विश्वास करता है, चन्दा !''

''मेरे साथ पूरी ज़िन्दगी बिना पछताए रह लोगे ? ज़िन्दगी बहुत बड़ी होती है, कमल !''

''एक ज़िन्दगी की बात करती हो चन्दा !'' कमल ने प्रश्नवाचक निगाहों से उसे देखा था।

''ओह !'' कहकर चन्दा रो पड़ी थी।

कमल ने उसके आँसू पोंछ दिए थे। और वे दोनों आक की टहनियाँ सँभाले रास्ते पर चलते चले आए थे। बारिश के कारण नाला भर गया था। पानी भरा देखकर चन्दा बोली थी, ''देखा ! मैं झूठ बोली थी न बाबा से, अब इसे कैसे पार करेंगे ?''

''हम उस पार जाएँगे ही नहीं।'' कहकर कमल वहीं चट्टान पर पसर गया था।

''बहुत गड़बड़ हो जाएगा।'' चन्दा कुछ घबरा उठी थी।

''अरे पागल, कुछ देर में पानी उतर जाएगा तब पार कर लेंगे। पहाड़ी नाला है।''

''पर देर तो हो जाएगी...ठीक है, और कर भी क्या सकते हैं !'' कहकर वह भी वहीं चट्टान पर बैठ गई थी। कमल ने उसे अपने कंधे से चिपका लिया था और वे नाले का पानी उतरने का इन्तजार करते रहे थे।

''यह पानी कभी नहीं उतरेगा।'' कुछ देर बाद वह बोली थी।

कमल ने उसे गहरी आँखों से देखा था तो वह मुस्कुरा दी थी।

फिर सूरज डूबता देखकर चन्दा चिन्तित हुई थी, ''पानी तो उतरता नहीं, सचमुच घर कैसे पहुँचेंगे ?''

और एकाएक कमल ने उसे गोद में उठा लिया था, "ऐसे !" और वह चन्दा को लिए-लिए पानी का उमड़ता नाला पार कर आया था। चन्दा की पकड़ से आक के तमाम फूल गिरकर दूर धार में बहते चले गए थे।

उस दिन लौटकर कमल बोस को बार-बार चन्दा की वह बात याद आ रही थी—देखो ! उतना ही कहना...जितना कर पाओ, जितने में तुम्हारा मन विश्वास करे...और तब कमल बोस ने अपने मन को टटोला था—बहुत सच्चाई से लगा था कि चन्दा तो अच्छी लगती ही है, पर दार्जिलिंग में घर बसाने की बात के पीछे कहीं माँ की याद का ज़्यादा हाथ है...शायद् दोनों का...चन्दा का, माँ की याद का...!

वह सेब का बाग़ भी उन्हें याद आया था, जहाँ घूमते-घूमते वे पहुँच गए थे। चन्दा का बचपना उभर आया, "तोड़ूँ ?"

"चोरी करने में ज़्यादा मज़ा आता है ?"

"हाँ ! कहते हुए वह सेब के बाग़ में घुस गई थी और जल्दी चार सेब तोड़कर भाग आई थी। एक उसने कमल को थमा दिया, "लो, खाओ।" और दूसरा खुद खाने लगी थी, तो कमल ने उसे टोका था, "खाने तक की तमीज़ नहीं है। इतना बड़ा मुँह फाड़कर खा रही है।"

उसने सेब में दाँत गड़ाया ही था कि कमल ने छीन लिया था, "इसमें ऊपर, यहाँ, कीड़ा होता है। यह हिस्सा हमेशा काटकर सेब खाना चाहिए।" और उसने चाबियों के रिंग में पड़े छोटे-से चाक़ू से ऊपर का हिस्सा तराशकर उसे पकड़ा दिया था।

"तुमने तो सेब खाने का सब मज़ा ही ख़राब कर दिया।" चन्दा ठुनकी थी, "मैं तो बिना काटे खाऊँगी। यह तुम्हीं खाओ।" कहते हुए उसने वह कटा हुआ सेब उसकी तरफ़ उछाल दिया था, "तुम डॉक्टरों ने कुछ भी खाने लायक़ छोड़ा है ! तुम्हारे डॉक्टरी हिसाब से आदमी चले तो भूखा मर जाए—यह ऐसे मत खाओ, ये इस वक़्त मत खाओ। इसे धोकर खाओ...इसमें फैट है, इसमें बैक्टीरिया है। तुम अपनी डॉक्टरी अपने पास रखो, बाबा !" और उसने बिना कटे सेब में फिर अपने दाँत गड़ा दिए थे।

"जिद्दी कहीं की !" कमल ने प्यार से कहा था और उसका सेब

लेकर दाँतों से ही ऊपर वाला टुकड़ा काटकर उसे फिर थमा दिया था। और चलते हुए चन्दा ने कहा था, "हम अपने घर के पास एक छोटा-सा सेब का बाग़ लगाएँगे। हूँ ! और हर पेड़ में तुम एक चाकू लटका देना, कि जब सेब तोड़कर खाऊँ, कीड़ा वाला हिस्सा काट देने की याद रहे।"

रात को कमरे में पढ़ते-पढ़ते बार-बार उसे चन्दा की बात पर हँसी आती रही थी—हर पेड़ में तुम एक चाक़ू लटका देना...।

चन्दा कमरे में बैठी थी। उसने दियासलाई से तीली निकालकर कान कुरेदना शुरू ही किया था कि कमल ने टोका था, "यह बहुत बुरी आदत है...इस तरह तीली से कान कुरेदना। पस पड़ जाएगा, फिर ऑपरेशन होगा। कनकटी हो जाओगी।"

"हो जाने दो !" कहते हुए वह कान कुरेदती रही थी, तो कमल ने मौक़ा पाकर तीली छीन ली थी।

"बहुत खुजली होती है।"

"तो मिर्च ज़रा कम खाया कर। कल हाइड्रोजन परॉक्साइड ला दूँगा, डालकर कान साफ़ कर दूँगा।"

पर उसकी आदत गई नहीं थी। एक दिन फिर उसने माचिस उठाकर तीली निकाली थी कि कमल ने चटाख़ से उसकी बाँह पर मारा था, "फिर वही !" तीली गिर गई थी।

उसने माचिस से दूसरी तीली निकाली थी। कमल ने फिर मारा था। उसने तीसरी निकाली। उसने फिर मारा था। आख़िर कमल ने पूरी माचिस ही खिड़की से बाहर फेंक दी थी और बोला था, "चाय बनाओ !"

"माचिस लाओ !" कहते हुए वह स्टोव में हवा भरने लगी थी। तेल नीचे गिरने लगा था, तो कमल ने हवा वाला नॉब खोलकर सारी हवा निकाल दी थी और 'लाता हूँ बाबा' कहते हुए बाहर भाग गया था।

जब वह माचिस उठाकर लाया था तो चाय का पानी चढ़ाकर चन्दा बोली थी, "अच्छा, सुनो, कुछ रस्मी बातें करें ?"

"रस्मी बातें ? ये क्या होती हैं ?" कमल ने पूछा था।

"अरे यही...जैसे कि तुम डिस्पेंसरी चले जाया करोगे तो..."

वह कह ही रही थी कि कमल ने कहा था, "अच्छा ये बातें...।"

"हाँ...जैसे यही कि हमारा लड़का होगा तो उसका नाम हम कमल रखेंगे...और लड़की हुई तो नाम रखेंगे चाँदनी !...ठीक है न...?" चन्दा उसे छेड़ते हुए बोली थी, "जब से कहा कि उतनी ही बात करना जितने पर तुम्हारा मन विश्वास करे, तब से तुमने बातें करना ही बन्द कर दिया...सिवा डॉक्टरी हिदायतों के दूसरी बात ही नहीं करते...तो हमने सोचा, रस्मी बातें ही की जाएँ।"

कमल उसे देखता रह गया था...इतना ही बोला था, "तुम समझती सब हो...पर चन्दा...मैं अपना विश्वास तुम्हें दिखा तो नहीं सकता...पूरा ही कर सकता हूँ !"

"तुम्हारे मन पर है...अपनी तुम जानो...मैं अपना जानती हूँ... बस !" चन्दा ने कहा था और चाय बनाने लगी थी।

उसने चन्दा को एक सस्ता-सा सफ़ेद मोतियों का हार लाकर खुद पहनाया था तो वह बिगड़ी थी, "पैसे पास नहीं हैं और हार खरीद लाए...क्या मतलब हुआ इसका ? दिखाओ मुझे, कितने पैसे हैं !" उसने उसकी जेबों की तलाशी लेकर पचपन रुपए गिने थे और बोली थी, "कैसे पहुँचोगे कलकत्ता ? कहाँ से आएगा पैसा ? दो रुपए रोज़ से ज़्यादा जेब ख़र्च नहीं मिलेगा। यह तो रखो !"

और शेष रुपए उसने अलमारी में बिछे काग़ज़ के नीचे रख दिए थे, "इन्हें छुआ तो देखना !"

चन्दा का अधिकार-भरा लहज़ा उसे बहुत अच्छा लगता रहा था। रह-रहकर वह यही सोचता रहा कि इस तरह की छोटी-छोटी बातोंवाली ज़िन्दगी कितनी मीठी होती होगी ! उसे अपनी माँ की भी याद आई थी...वह ऐसे ही हिदायतें देती थीं—छोटी-छोटी...मामूली...।

आख़िर चलने का दिन भी आ गया था। कमल बहुत उदास भी था, पर जाना तो था ही। आख़िर इम्तहान तो देना ही था। कमल कमरे का किराया चुकाने गया था, तो दुर्गा श्रेष्ठ ने कहा था, "कल चले जाएँगे ?"

"जी हाँ ! हफ़्ते-भर बाद परीक्षाएँ शुरू हैं। दो दिन कलकत्ता

पहुँचने में लग जाएँगे।''

''डॉक्टरी पास करके यहीं चले आइए, कमल बाबू ! नीचे डिस्पेंसरी खोल लीजिएगा। जगह मैं दे दूँगा।'' दुर्गा श्रेष्ठ ने कहा था, ''अपना क्या है, ठेकेदारी का धंधा ही ऐसा है। कभी यहाँ, कभी वहाँ। जहाँ जंगल मिला, वहीं मंगल मना लेते हैं...कभी कर्सियांग...कभी नीली घाटी...यह मकान तो खाली ही पड़ा रहता है।''

''देखिए, शायद जल्दी ही आ जाऊँ।'' और नमस्ते करके कमल चला आया था।

कमरे में आकर वह बैठा ही था कि चाय का मन कर आया। स्टोव जलाकर पानी रखा ही था कि दरवाज़े पर दस्तक हुई थी। वह सोच भी नहीं पाया था कि इतनी रात में कौन होगा कि दरवाज़ा खोलते ही अवाक् रह गया था—चन्दा सामने खड़ी थी।

''तुम इस वक़्त रात में !''

''हाँ ! मन नहीं माना।''

''और बाबा ?''

''बाबा एक मरीज़ को देखने धौलपुर गए हैं। सुबह लौटेंगे। बहुत अकेली थी। तुम्हें कल जाना है। सोचा, अब और वक़्त कहाँ है...कल तो तुमसे बात भी नहीं कर पाऊँगी।''

पानी उबल गया तो कमल स्टोव बुझाने लगा। चन्दा ने उसे रोक दिया, ''जलने दो !''

''तुम्हें आते किसी ने देखा तो नहीं ?''

''नहीं ! बड़ा लम्बा चक्कर काटकर आई हूँ,'' कहते-कहते उसने चाय प्यालों में डाल दी थी, ''तुम्हारा सामान बँधवा दूँ।''

''मेरा मन जाने को बिल्कुल नहीं है, चन्दा !''

''नहीं, यह ठीक नहीं होगा। परीक्षा देकर लौट आना। लेकिन परीक्षा न दो, यह ग़लत है।'' चन्दा ने कहा था।

कमल उसे बाँहों में भरकर बिस्तर पर ले आया था...''ओह, चन्दा !...''

चन्दा ने उसे बहुत प्यार से समझा लिया था, ''देखो, यह कमज़ोरी बहुत जल्दी व्यापती है। मुझे कमज़ोर न बनाओ। यह तब

ठीक है जब तुम लौटकर आओगे।"

"अगर लौटकर न आया, तो ?" कमल ने छेड़ने के लहजे में कहा था।

"देखो, मुझे तुमसे ज़्यादा अपने पर विश्वास है। मैं जानती हूँ, तुम लौटकर ज़रूर आओगे। किस दिन आओगे, यह तुम पर है। यह रात साक्षी है, इस बात की कि इस रात में पास-पास होते हुए भी हम मिले नहीं हैं। इस मिलन के लिए अब हर रात जागती रहेगी। कौन-सी रात सोएगी, यह तुम तय कर देना।" कहते-कहते चन्दा की आँखें डबडबा आई थीं।

उस अँधेरे में वे एक-दूसरे को अपलक देखते रहे थे। फिर चन्दा ने ही कहा था, "कोई बोझ लेकर मत जाना। अगर तुम नहीं भी आए, तो मैं तुम्हें कभी याद दिलाने नहीं आऊँगी। इतना अहं लेकर ही तुम्हें प्यार कर पाई हूँ।"

"कैसी बातें कर रही हो, चन्दा !" कमल ने उसके मुँह पर हाथ रख दिया था। परीक्षाओं के बाद हाउस-सर्जन का कोर्स होता है। जैसे ही किसी हॉस्पिटल में पोस्टिंग हुई, बस रिपोर्ट करके छुट्टी लूँगा और सीधा चला आऊँगा।"

"कितने दिन का कोर्स होता है हाउस-सर्जन का ?"

"एक साल का।"

"ऐसे कह रहे हो, जैसे एक दिन का हो !"

"बीच-बीच में आता रहूँगा न।"

"जैसी तुम्हें सुविधा हो, कमल ! मैं तो प्रतीक्षा ही कर सकती हूँ। अच्छा...इस रात में ज़्यादा देर रुक भी नहीं सकती...अब जाऊँगी।"

कमल ने अपना ओवरकोट उसे पहना दिया था। छड़ी भी उसे पकड़ा दी थी, ताकि कोई देखे भी तो जल्दी यह न समझ पाए कि यह लड़की है। और खुद टॉर्च लेकर वह साथ आया था—चन्दा को छोड़ने। चन्दा पता नहीं, किधर-किधर से घूमती-घुमाती अपनी गली के पास पहुँच गई थी। ओवरकोट और छड़ी उसने कमल को लौटा दी थी।

काफ़ी देर तक कमल उसे जाते और गुम होते देखता रहा था। फिर जब मकान की ऊपरवाली खिड़की में कुछ रोशनी-सी हो गई थी, तो वह एकटक उधर देखता रहा था। चन्दा की छाया खिड़की में अटकी हुई थी। आख़िर कुछ देर बाद उसे लौटना ही पड़ा था। कब तक वहाँ

रुक सकता था ?

वह प्रकाशित खिड़की और उसमें उलझी चन्दा की छाया बार-बार उसके सामने कौंधती रही थी।

उसके बाद चलते समय वह थापा वैद्य से मिलने गया था। उन्होंने आशीर्वाद दिया था, "दूसरों की सेवा करना, बेटे ! डॉक्टरी को सिर्फ़ आमदनी का ज़रिया मत बनाना। बीमार और दुखियों के दुख दूर करना—उनकी दुआएँ लेना।"

वह चला तो घर के पीछे नुक्कड़वाले देवदार के पेड़ के नीचे चन्दा खड़ी थी। गुमसुम। वही मोतियोंवाला हार पहने। उसने हाथ हिलाकर उसे विदा दे दी थी।

और रास्ते-भर दो ही दृश्य उसके सामने घूमते रहे थे—खिड़की में उलझी चन्दा की छाया और विशाल देवदार के नीचे खड़ी गुमसुम चन्दा ! देवदार की काँपती हुई शाखें...!

और वह सिलीगुड़ी पहुँच गया था। उन्हीं यादों में खोया हुआ वहाँ से कलकत्ता चला गया था।

सीढ़ियों से उतरते-उतरते कमल बोस की साँस गहरी हो आई। वे एक क्षण रुके। कुछ सोचते रहे। लोअर बाज़ार में घुसने की उनकी हिम्मत नहीं पड़ रही थी। सर्दी और ठंडी हवा के बावजूद उन्हें पसीना आ गया था। फिर हिम्मत करके वे आगे बढ़े। दुकानें तो अभी पूरी तरह नहीं खुली थीं, पर लोग पटलों पर जगह-जगह गुच्छों में जमा थे। एक से नज़रें मिलीं, तो लगा, जैसे वह औरों को बता रहा हो—यही है ! यही है वह...पहचाना इसे ? अरे, वही जो चन्दा से...हाँ...इसी ने उसकी फूल-सी ज़िन्दगी बर्बाद कर दी...अब साहब बनकर उसका दुख-सुख पूछने आया है...!

कमल बोस की हिम्मत जवाब दे गई। वे होटल लौट आए और अपने कमरे में चुपचाप बैठ गए। मन में कुछ इतना घुमड़ रहा था कि मन हुआ, मैनेजर को ही बुला लें और उससे सब कुछ एक साथ कह

डालें और उसी से माफी माँगकर वापस चले जाएँ। पर यह कमल बोस की प्रकृति में नहीं था कि अपने राज़ औरों को बता सकें। जब कुछ समझ में नहीं आया, तो उन्होंने ख़त लिखने की सोची। लेकिन किसे लिखें ख़त ? सामने काग़ज़ रखे वे बार-बार सोचते रहे, पर इतने बड़े जहान में ऐसा कोई भी तो नहीं था, जिसे वे ख़त लिख सकते। हाँ, व्यापारिक ख़त तो वे किसी को भी लिख सकते थे, पर अपनी भावनाओं के बारे में किसे बता सकते थे ? चन्दा को खत लिखें...पर कहाँ ? आख़िर हारकर उन्होंने खुद अपने ही नाम पत्र लिखा—

सुनो कमल बोस !

लोअर बाज़ार में घुसने की तुम्हारी हिम्मत क्यों नहीं पड़ी ? एक ण के लिए तुम्हें लगा कि जैसे सब लोग तुम्हें पहचान रहे हैं और गली उठाकर कह रहे हैं कि यही है वह, जो पच्चीस बरस पहले चन्दा एक वादा करके गया और फिर लौटकर नहीं आया। इतनी-सी ही बात तो थी। पर इसमें इतनी बड़ी ग़लती क्या है ? इसमें पश्चात्ताप का इतना बड़ा कारण क्या है ? बहुत-से वचन ऐसे होते हैं, जो आदमी पूरे नहीं कर पाता। क्या दुनिया में हर आदमी ने दिया हुआ हर वचन पूरा किया है ? कोई है ऐसा, जो कर पाया है ? तुमने कोई बेईमानी या दग़ा नहीं किया। तुमने चन्दा के साथ कुछ भी ऐसा नहीं किया था, जो नैतिकता के लिहाज़ से ग़लत या गंदा रहा हो। तुमने उसे चाहा था...उसे प्यार किया था। इसके अलावा तो कुछ नहीं। उसके शरीर को तुमने अपनी आकांक्षाओं के लिए इस्तेमाल नहीं किया था। उसे कभी मैला नहीं किया था...फिर यह पश्चात्ताप कैसा ? तुम जाओ और उससे मिलकर आओ...इसमें घबराने या पछताने की क्या बात है ? हिम्मत से काम लो...!

तुम्हारा,
कमल बोस

और यह पत्र लिखकर उन्होंने फिर पढ़ा था और लिफ़ाफ़े पर अपना ही पता लिखकर—टु कमल बोस, रूम न. 30, दार्जिलिंग होटल, अपर रिज, दार्जिलिंग—पोस्ट कर दिया था। अपना ख़त अपने ही नाम !

ख़त पोस्ट करके कुछ साहस-सा बँधा था।

दूसरे दिन मन कुछ शान्त था। सुबह भी खुशनुमा थी। घाटी में बादल भरे हुए थे। कोहरा भी था और नीचे घरों की चिमनियों से धुआँ उठ रहा था। मन की अकुलाहट पर ओस पड़ी हुई थी।

वे आकर खिड़की के पास खड़े हो गए। अपना लिखा हुआ एक वाक्य 'क्या दुनिया में हर आदमी ने दिया हुआ हर वचन पूरा किया है ?' उन्हें बहुत राहत दे रहा था। एकाएक उनके होंठों पर मुस्कराहट फैल गई। आज यह दुनिया का ख़याल कैसे आया ? हर आदमी का वास्ता देकर अपनी आत्मा को उजला कर लेने का ख़याल कैसे आया ? उन्होंने तो कभी 'हर आदमी' और 'दुनिया' को अपने लिए ज़रूरी नहीं पाया। हर आदमी और दुनिया ने ही उन्हें ज़रूरी पाया—इन तमाम पिछले वर्षों में !

...पर आदमी करे क्या ? ऐसा कौन है, जो अपने अतीत में लौटने के लिए बेबस न हो ? वह अतीत, जिसके ऊपर वह अपनी सफलता को खड़ा करता है...अगर आदमी को अपना अतीत ठीक कर लेने का ज़रिया मिल जाए, तो बात बहुत आसान हो जाती है। सचमुच, ऐसा कौन-सा आदमी है जो अपने लिए अपना अतीत दोबारा ठीक नहीं करना चाहता ? अतीत की घटनाओं और क्षणों के अर्थ बदलकर अपने को सही और ठीक साबित नहीं करना चाहता ? वह चाहे अपने लिए ही हो, पर ऐसा होता ज़रूर है...।

मुश्किल यह होती है कि अतीत तो लौटता है, पर उसके साथ वे लोग नहीं, जिनके साथ वह जिया गया था...अब कहाँ मिलेंगे कमल बोस को वे सब लोग, जो उस वक़्त दुख-सुख में साथ जिए थे ? वे दोस्त, जिनके साथ छिप-छिपकर बीड़ी पीना सीखा था...वह मोची, जो चप्पल के हर बार टूटनेवाले सोल में कीलें ठोंकता था और मेढकों की क़िस्में भी समझाता था...वह जंगलों का हरकारा, जो टहनी समेत मधुमक्खियों के छत्ते तोड़ लाता था और चाय की दुकान में प्यालों में चीनी की जगह शहद डालकर पिलाता था। पैरों में निकली बिवाइयों में छत्तों का असली मोम भरता था। वह सब साथी कहाँ मिलेंगे, जिनके साथ कमल बोस जंगलों में गोंद जमा करने जाते थे...जहाँ एक रबर का

पेड़ भी न जाने कैसे उग आया था...जिसे कोई पहचान नहीं पाया था। सब उसे दूधिया पेड़ कहने लगे थे। वे दिन लौटकर कहाँ आएँगे, जब वे रोते हुए नीम को देखने जाते थे...और वे दिन कहाँ, जब ज़हरीले बिच्छुओं के डंक में डोरी का फंदा फँसाकर चलाते थे ?

पता नहीं, रिबन की वह डिबिया कहाँ खो गई, जिसमें बिच्छुओं के डंक तोड़-तोड़कर जमा किए थे...वे क्लर्क-बाबू भी कहाँ गए होंगे, जिन्होंने रिबन की डिबिया लाकर दी थी ? वह छोटी-छोटी बातोंवाली मामूली, पर अपनी दुनिया कहाँ चली गई...?

सुबह की चाय आई तो उसके साथ कुछ लोग भी आ गए। ज़िद करने लगे कि शाम की पार्टी में कमल बोस को आना ही होगा। शायद उनका मन भी कुछ ऐसा ही चाहता था।

पार्टी अच्छी रही। सब मौज में थे और अपने-अपने धंधे की पोलें खोलने के मूड में। बम्बई के खीमजी भाई तो बहुत ज़्यादा ही मौज में थे। कहने लगे, ''साला इंस्पेक्टर बोला, शिकायत मिला है सेठ, तुम वनस्पति में चर्बी मिलाता है। हम बोला--चर्बी का भाव क्या है बाज़ार में ? कहाँ साला, परता पड़ता है चर्बी मिलाना...अपने घर से पैसा देयेंगा ? हम तो साला सीधू-सीधू ग्रीज़ मिलाता है, बत्तीस परसेंट !''

बस, यहीं पर कमल बोस का मन फिर भटक गया था। बत्तीस परसेंट ! एक दिन बूटियाँ चुनते हुए इम्तहानों की बात आ गई थी। कमल बोस ने शान से कहा था--'सत्तर परसेंट से कम नंबर आ ही नहीं सकते !'

तो चन्दा ने आँखें बड़ी-बड़ी करके कहा था--'बत्तीस परसेंट से ज़्यादा पा ही नहीं सकते !'

'क्यों, बत्तीस परसेंट ही क्यों ? वह किस हिसाब से कहा तुमने ?' उन्होंने ताज्जुब से कहा था।

'हिसाब-किताब क्या ? जो मन बोला, बोल दिया...बत्तीस परसेंट मिलेंगे नम्बर।' चन्दा बोली थी।

'यह कोई बात हुई ?'

'तो सत्तर परसेंट में ही क्या बात हो जाएगी ? मुझे क्या फ़रक़ पड़ेगा ! चाहे बत्तीस परसेंट हो, चाहे सत्तर ! मेरे लिए तो तुम, तुम ही

रहोगे...नहीं ?' बूटी चुनना छोड़कर फिर उसने उसे सीधे देखते हुए कहा था—'बताओ ?'

कमल बोस का मन भीतर ही भीतर उमड़ आया—कैसी-कैसी बातें अनजाने ही हो जाती हैं ! सचमुच सत्तर परसेंट मिल जाने से ही तो सब कुछ बदल गया था...सच सोचकर नहीं बोला जाता...जब आदमी सच बोल जाता है, तब उस पर सोचता है...।

पार्टी बदस्तूर चालू थी। आइसक्रीम फ़ैक्टरीवाले बिरजन साहब की बात जारी थी, "...और क्या ! फेंट-फेंटकर आइसक्रीम फुला देते हैं। पूरे स्लैब को प्लेट में पिघलने दीजिए। साला एक चम्मच से ज़्यादा दूध बन जाए, तो बताइए। यह तो फेंटने का कमाल है...।"

कमल बोस का भी मन हुआ कि दवाइयों के कुछ क़िस्से सुना ही दें, पर इज़्ज़त आड़े आ गई...या शायद बड़प्पन ने रोक लिया। वे चुप ही रह गए। पार्टी बहुत मीठे वातावरण में ख़त्म हो गई।

दूसरे दिन से और लोग भी आने-जाने लगे।

फ़ैक्टरी से कुछ ज़रूरी काग़ज़ात भी आ गए।

एक शाम तो उन्हीं के कमरे में पार्टी जम गई। उसी पार्टी में एक साहब ऐसे थे, जिनकी प्रशान्त से जान-पहचान थी। वे प्रशान्त के बारे में बहुत-सी बातें करते रहे। कमल बोस ने उसी वक़्त माउंटेनियरिंग इंस्टीट्यूट में प्रशान्त को फ़ोन भी करना चाहा, पर लाइनें कुछ गड़बड़ थीं, रात भी काफ़ी हो गई थी।

पता नहीं, ऐसा क्या था मन में, जो बार-बार कमल बोस को कोंचता था। प्रशान्त से मिलने की इच्छा भी बहुत होती थी और मिलना टल जाता था तो राहत भी बहुत मिलती थी। अब लगता है कमल बोस को...अगर परीक्षा में बत्तीस परसेंट नम्बर सचमुच मिले होते तो कितनी राहत मिली होती...सत्तर परसेंट नम्बरों ने ज़िन्दगी को कहाँ से कहाँ पहुँचा दिया था...कहाँ से कहाँ !

फिर दो-चार दिन ऐसे ही निकल गए।

दोपहर धीरे-धीरे खिसक रही थी। कमल बोस धूप में कुर्सी डाले, दूरबीन लिए दूर-दूर की चोटियाँ देखने की कोशिश कर रहे थे। फिर अपने पर ही हँसी आ गई थी। सूरज चढ़ने के बाद कहाँ कुछ दिखाई देता है ! सुबह-सुबह देखी जाए तो ठीक, नहीं तो रोशनी की धुन्ध भर जाती है। उन्होंने दूरबीन गोद में रख ली थी। कहीं देखने को नहीं रह गया, तो पास के फूलों को ही दूरबीन से देखने लगे। फूल बिल्कुल पास खिसक आए। तभी उनकी नज़र एक फूल पर बैठी तितली में उलझ गई। ताज्जुब तो तब हुआ जब काफ़ी देर तक तितली ने अपने पर ही नहीं हिलाए। दूरबीन हटाकर उन्होंने फिर देखा। फिर दूरबीन लगाकर देखा। तितली बिल्कुल ख़ामोश बैठी थी। ऐसा कैसे हो सकता है ? वे पास गए। देखते रहे। तितली वैसी ही बैठी रही...उन्होंने हल्के-से छुआ तो सूखी पत्ती की तरह वह नीचे गिर गई।

कमल बोस का मन दहल गया।

कैसी थी वह शाम ! वे दोनों घर की ओर लौट रहे थे। चन्दा की झोली में जंगली फूल-पत्तियाँ महक रही थीं। वह थकी हुई थी। चलते-चलते उसकी नज़र फूलों से भरी झाड़ियों में उलझी तितली पर पड़ी थी। एक हाथ से झोली सँभालते हुए चन्दा ने हल्के-से उसे उठाया था...मरी हुई तितली को उसने उठाकर फूलों के एक गुच्छे पर नरमी से रख दिया था...और माथे पर आई लट को समेटते हुए वह चुपचाप आगे बढ़ गई थी। कुछ भी बोली नहीं थी।

...सब कुछ बेतरह चकरा गया। हल्की सर्दी के बावजूद कमल बोस का पूरा शरीर पसीने से नहा गया था। दूरबीन को कुर्सी के हत्थे में फँसाकर वे बैठे रह गए थे। अब मन बहुत अशान्त था...बेतरह दहल रहा था...।

आख़िर दूसरे दिन कमल बोस ने अपने को वहाँ खड़ा पाया था, जहाँ चन्दा का घर था—

कोहरा भरा हुआ था। सूरज की किरणें रेशमी धागों की तरह झिलमिला रही थीं। घास नम थी। पथरीली ज़मीन भी भीगी हुई थी।

पेड़ ज़्यादा हरे और धुले हुए लग रहे थे। उस गली के मुहाने पर जहाँ चन्दा का घर था, सबसे पहले उन्होंने उस खिड़की की ओर देखा था, जहाँ पच्चीस बरस पहले चन्दा की छाया उलझी रह गई थी और जिसके नीचे उसके पिता का छोटा-सा टीन का साइनबोर्ड लटका रहता था—'दिलबहादुर थापा का धनवन्तरि औषधालय, यहाँ नश्तर भी लगाया जाता है, बिच्छू काटने का ख़ास इलाज'—ये दोनों लाइनें ख़ासतौर से बोर्ड पर लिखी थीं। इससे पहले कि खिड़की से चन्दा झाँके और उनकी आँखें उससे मिलें, उन्होंने उस बोर्ड को देखना चाहा था। पर वह बोर्ड वहाँ नहीं था। एक धक्का-सा लगा। कहीं ग़लत जगह तो नहीं आ गए ? लेकिन नहीं, यही नुक्कड़ था। इस जगह को कैसे भूल सकते थे ! देवदार का वही पेड़ खड़ा है...लेकिन न वहाँ वह मकान था, न वह बोर्ड था और न वह खिड़की।

सामने एक टाल थी। टाल में लगे लकड़ी तौलने के तोला के पास एक खाट पर बैठे कुछ लोग हुक्का पी रहे थे। अपनी कथरियाँ ओढ़े हुए। धीरे से कमल बोस उनके पास पहुँचे और बहुत हिचकते-हिचकते बोले थे, "सुनो भैया, बहुत दिन हुए, यहाँ एक वैद्यजी रहते थे... ।"

"वैद्यजी ?" एक आदमी ने ऐसे पूछा जैसे बात ही न समझ पाया हो, "कैसे वैद्यजी !"

"हकीमजी...चीरफाड़ भी करते थे...उनका औषधालय यहीं पर था। दवादारू करते थे।" कमल बोस ने बात साफ़ की।

"यहाँ तो कोई वैद्य-हकीम नहीं रहता !"

"पहले रहते थे।"

"यहाँ तो हमेशा से यह टाल ही है। यहाँ कोई वैद्य-हकीम कभी नहीं रहता था।"

"काफ़ी पहले... ।"

"कोई और जगह होगी। हम तो हमेशा से यह टाल ही देखते आए हैं।"

"यहीं रहते थे वैद्यजी...उनकी एक लड़की भी थी।"

सब लोग खिलखिलाकर हँस पड़े। एक को कोहनी मारकर दूसरे ने छेड़ा, "उनके लड़की भी थी तो इसे ज़रूर मालूम होगा। क्यों गुरंग, कोई लड़कीवाले वैद्यजी यहाँ रहते थे ? बता...!"

कमल बोस को कुछ बुरा लगा, पर वे सब नौजवान थे। उनसे

उलझना बहुत उचित नहीं था। फिर भी मन वहीं अटका हुआ था, इसलिए अटक-अटककर उन्होंने बात फिर दोहराई, ''जगह तो यही है।''

''तो ढूँढ़ लो...जगह तो यही है !'' दूसरे नौजवान ने उसकी ज़िद से चिढ़कर कहा।

''किसे पूछ रहे हैं ?'' तभी एक बूढ़े ने आकर दख़ल दिया।

''किसी वैद्य को पूछ रहे हैं। दस बार बता दिया कि यहाँ कोई वैद्य नहीं रहता, न रहता था। फिर भी...हुं ! अरे, रहता होता तो हम झोली में छिपा लेते !''

बूढ़े ने ग़ौर से कमल बोस को देखा। वह पास आकर खड़ा हुआ तो उनके शरीर में सनसनी दौड़ गई जैसे खुद वैद्यजी आकर खड़े हो गए हों और पूछ रहे हों—अब क्यों मालूम करने आए हो ? अब बाक़ी क्या बचा है ? एक क्षण के लिए वे बूढ़े से आँखें नहीं मिला पाए। तभी बूढ़े ने बात आसान कर दी, ''थापा वैद्यजी को पूछ रहे हैं ? वे, जो यहाँ तीस-चालीस बरस पहले रहते थे...उन्हें ही पूछ रहे हैं न ?''

''हाँ, चौबीस-पच्चीस बरस पहले।''

''समझ गया, समझ गया...।''

''जी, यहीं उनका मकान था। बाहर तख़्त पड़ा रहता था। और...'' कमल बोस की खून में गर्मी दौड़ गई।

''बहुत पुरानी बात है। इन छोकरों को क्या मालूम...एक ज़माना हुआ इस बात को तो...।''

''उनका कुछ पता है आपको ?''

''मुझे तो अब कुछ मालूम नहीं। लेकिन एक आदमी को ज़रूर पता होगा...वही बता सकता है।''

''कहाँ रहता है वह ? क्या नाम है उसका ?'' उत्सुकता से कमल बोस ने पूछा तो बूढ़े ने ऊपर आसमान की तरफ़ उँगली उठा दी और बोला, ''नाम मुझे मालूम है। उसका नाम है यमराज।'' बूढ़े का यह मज़ाक़ कमल बोस को खल गया। वे चुप रह गए थे। वह बूढ़ा भी ज़्यादा बात करने के मूड में नहीं था, शायद कहीं जा रहा था...पर कमल बोस जानकारी के ज़रिए को छोड़ना भी नहीं चाहते थे। यही बता सकता है ! जो कुछ मालूम होगा, इसी आदमी से पता चलेगा...इसी वजह से कमल बोस ने उसे छोड़ा नहीं था। बूढ़े को लेकर वे एक पुलिया

पर बैठ गए थे। वहाँ बैठने पर लगा कि बूढ़ा बहुत बातूनी है। वह दुनिया-जहान की बातें सुनाता रहा...पर कमल बोस का मन तो कुछ और कुरेद रहा था। आख़िर घेर-घारकर वे उसे रास्ते पर ले आए थे...फिर जो कुछ बूढ़े ने कहा, वह उनके लिए बहुत भारी भी पड़ गया था, पर उसे जाने बग़ैर अब चैन भी नहीं था। कमल बोस ने बड़ी मुश्किल से उसे घेरा था। एकदम बात बदलकर उन्होंने उससे सीधा सवाल किया था, "वैद्यजी कब स्वर्ग सिधारे ?"

"बीस-बाइस बरस हो गए होंगे। हे भगवान ! किसी को ऐसा बुढ़ापा न दे...जिसमें आदमी की इज़्ज़त राख हो जाए।" वह शुरू हो गया था।

"क्या हुआ था ? कोई...?" कमल बोस ने कुरेदा था।

"क्या नहीं हुआ था, यह पूछो ! उनके एक लड़की थी। जवान लड़की।"

"हाँ...हाँ...।"

"उसी लड़की ने बुढ़ापा बिगाड़ दिया उनका। उसके कारण क्या नहीं सहना पड़ा उन्हें...यह दार्जिलिंग जगह ही ऐसी है बाबू जी, सब तरह के सैलानी यहाँ मौसम-बेमौसम चले आते हैं...कोई नौजवान डॉक्टर आया था...उससे लड़की का कुछ लग-लगाव हो गया। बस, बात...बिगड़ गई।"

"कैसी बात बिगड़ गई ?"

"अरे, बड़ी जिद्दी लड़की थी। सबने समझाया-मनाया, पर वह मानी ही नहीं। तीन साल तक वह जिद में रुकी रही..किसी की बात ही नहीं सुनती थी...लेकिन कोई लौटकर आता है, बाबूजी ? आप तो समझदार आदमी हो। आप ही बताओ..." बूढ़े ने उनकी आँखों में देखते हुए कहा।

कमल बोस की पसली-पसली थरथरा गई। उन्हें लगा कि यह शातिर बूढ़ा अभी पूरी चीर-फाड़ करके रख देगा। बहुत मुश्किल से उन्होंने अपने को रोके रखा। बूढ़ा एक क्षण रुककर फिर बोलने लगा, "वैद्यजी का बुढ़ापा खराब हो गया। बहुत बदनामी हुई। बिरादरी ने हुक्का-पानी बन्द कर दिया। इसी फ़िकर में उनकी तबीयत भी खराब रहने लगी। जब बहुत तबीयत बिगड़ी, तो चन्दा को होश आया। बिरादरी में तो बदनामी हो ही चुकी थी। कौन करता शादी उससे ?

अफ़वाहें फैलाने और फ़ब्तियाँ कसने से कौन बाज आता है ? चन्दा निकलती, तो छेड़नेवाले फ़ब्तियाँ कसते–'डॉक्टरनी जा रही है ! वैद्य की लड़की डॉक्टरनी !' लोग उसे 'डॉक्टरनी' कहके चिढ़ाने लगे थे।''

''लेकिन उसका क्या हुआ ? वह रहती कहाँ है ? उसका कुछ अता-पता आपको मालूम है ?'' कमल बोस ने सूखती ज़बान से जैसे-तैसे पूछ लिया।

''होना क्या था बाबूजी, जैसे-तैसे एक लँगड़े हरकारे से उसकी शादी कर दी गई। आख़िर किसी घर तो उसे डालना ही था। और कौन करता शादी ? जंगल का हरकारा था उसका आदमी, उसकी उम्र से काफ़ी बड़ा। उसे औरत चाहिए थी। शादी के बाद ही वैद्यजी मर गए। वे दोनों यहीं रहते रहे। फिर तीन-चार साल बाद उसके एक लड़की हुई, उसी आदमी से। आपस में दोनों की पटती नहीं थी। उसका आदमी दस-दस, पन्द्रह-पन्द्रह दिनों के लिए जंगल में गश्त पर चला जाता था। एक बार गया, तो लौटा ही नहीं। किसी मुसाफ़िर ने ख़बर दी कि उत्तरवाले जंगल में हरचरन हरकारे को जंगली जानवर ने मार डाला है। पाँच-सात लोग जमा हुए कि उसकी लाश खोज लाएँ...चन्दा से कहा, तू भी चल, पर वह नहीं गई।''

''उत्तरवाला जंगल, वह जिधर सूखा नाला पड़ता है ?'' कमल बोस ने अपने में डूबते हुए पूछा।

''हाँ बाबूजी, वही जंगल ! हमें तो लगता था, वह डॉक्टर कुछ टोना-टुटका कर गया था उस पर।''

''टोना-टुटका !''

''हाँ, जादू-टोना ! बाद में सब पता चला न। वह डॉक्टर उसे जंगल में ले जाता था। वह जड़ी-बूटियाँ बीनने के बहाने जाती थी। बाद में उसने जड़ी-बूटियाँ बीनना भी बन्द कर दिया। उसका आदमी मरा, तो लाश खोजने भी नहीं गई। क्या कहा जाए ऐसी औरत को ! ऐसी पत्थर-दिल औरत कि अपने आदमी की लाश तक के लिए जंगल में नहीं गई। आदमी तो फिर भी आदमी है, साहेब !''

''तो उसके आदमी की लाश मिली नहीं ?''

''अरे, खोजने जाती तो शायद मिल भी जाती, पर वह तो बहुत ज़िद्दी औरत थी। हरचरन की मौत के बाद सात-आठ महीने वह यहाँ रही। आमदनी का कोई ज़रिया था नहीं, और जैसा उसका सुभाव बन

गया था, कोई उसका साथ नहीं देता था। आख़िर काम-धाम की तलाश में वह यह जगह छोड़कर नीली घाटी चली गई।" बूढ़ा बोला था।

"नीली घाटी ?"

"हाँ, यहाँ से...घूम स्टेशन से कलिंपोंग जो सड़क जाती है न, उसी पर बीस मील पूरब में है नीली घाटी। अब ठीक से तो नहीं मालूम...सुना था कि कोई करघाघर खुला था वहाँ, उसी में काम करती थी। लेकिन आप इतना सब पूछताछ क्यों कर रहे हैं ?" बूढ़े ने प्रश्न किया था, तो कमल बोस कच्चे पड़ने लगे थे।

"वैद्यजी से हमारा पुराना सम्बन्ध था। यहाँ आया था, तो जान लेने की इच्छा हुई।"

"बहुत बुरे दिन बीते वैद्यजी के ! चन्दा ने तो ख़ैर, अपने आप अपनी ज़िन्दगी ख़राब की, साहेब ! उसका जो हाल हो गया था, वह भी देखकर दुख तो लगता ही था। उसका आदमी मरा, उसके बाद तो खाने-पीने की भी मुसीबत आ गई थी। उसकी बच्ची के लिए तीन-चार महीने मैं दूध पहुँचाता रहा। अपने घर उन दिनों सात-आठ बकरियाँ थीं। बच्ची ने क्या पाप किया था, साहेब ! है न, अपने से जो बन पड़ा, कर दिया। फिर वह यहाँ से चली ही गई। बच्ची बहुत प्यारी थी उसकी।"

"अच्छा !"

"हाँ साहेब, अब तो बहुत बड़ी हो गई होगी। मालूम नहीं, दोनों कहाँ होंगी...?"

कमल बोस का पूरा शरीर झनझना उठा...वे उठ खड़े हुए, "अच्छा..." और उन्होंने उस बूढ़े को विदा दी थी, "बहुत-बहुत धन्यवाद...आपसे फिर मिलूँगा...एक और हमारे दोस्त थे यहाँ...दुर्गा श्रेष्ठ...जंगलों के ठेकेदार ?"

"ठेकेदार बाबू ! वो शायद सिलीगुड़ी में हैं। बहुत बड़े आदमी हो गए हैं वो तो। ठेकेदारी में उन्होंने लाखों चीर के धर दिए, साहेब...रईस तबीयत के आदमी हैं।"

"सिलीगुड़ी में अब क्या करते हैं ?"

"करते ठेकेदारी ही हैं। फक्कड़ आदमी हैं...खाने-पीने के शौकीन। साल-दो साल में आते रहते हैं यहाँ। आप कब तक रुकेंगे ?" बूढ़े ने पूछा था।

"जितने दिन तबीयत लग जाए।" कमल बोस ने ऐसे ही कह दिया।

"अरे, आप बड़े लोगों की यही तो ख़ासियत है। तबीयत लग जाए तो सब ठीक, नहीं तो छोड़ा-छाड़ा और दूसरी जगह डेरा डाल लिया। अच्छा, चलता हूँ मैं।"...उसकी बात कमल बोस को फिर कचोटती रह गई थी...।

वह बूढ़ा गया, तो कमल बोस देर तक उसे जाते हुए देखते रहे, निर्विकार और ऊपर से निर्लिप्त।

तभी उनके कंधे पर किसी ने हाथ रखा तो कमल बोस एकाएक चौंक गए। वह प्रशान्त था।

"अरे कमल !" कहते हुए प्रशान्त ने उन्हें बाँहों में भर लिया, "कैसे हो, दोस्त ! मुद्दत बाद मुलाक़ात हुई...!"

"तुम...प्रशान्त ! क्या हाल है ?" कमल ने पूछा।

"वही धंधा...माउंटेनियरिंग ! पर्वतारोहण...एक दल नन्दादेवी की चढ़ाई पर जा रहा है, उसी को ट्रेनिंग दे रहा हूँ।" प्रशान्त ने कहा।

"अरे, तू तो हीरो हो गया है ! जब से तूने नन्दादेवी की चढ़ाई में सफलता पाई है...तो अब आर्मी में जाने का कोई इरादा...?"

"आर्मी ने ही तो डेपुटेशन पर यहाँ भेजा है, माउंटेनियरिंग इंस्टीट्यूट में। तूने बताया क्यों नहीं ? मेरे साथ ठहरता। मैं तो काम से होटल की तरफ़ आया था...एक साहब से मिलने। इधर न आता तो तेरा पता नहीं चलता...यह ज़्यादती है, यार !"

"मेरा कोई इरादा दार्जिलिंग आने का नहीं था। फिर यों ही चला आया।" कमल बोस ने कहा।

"अरे छोड़। बग़ैर काम के भला तू निकलेगा ? यहाँ भी कोई फ़ैक्टरी-वैक्टरी लगा रहा है क्या ?" प्रशान्त ने कहा, "यह तो जड़ी-बूटियों का इलाक़ा है।"

कमल बोस ने सुना तो खट्टी-सी मुस्कराहट उनके होंठों पर आकर चली गई। उन्होंने प्रशान्त को ताका, तो प्रशान्त ने एकाएक फिर उनके कंधे पर हाथ मारकर कहा, "अरे, अब सब कुछ कर लिया तूने...नाम, पैसा, इज़्ज़त...अब कुछ दिन मौज कर, मेरे दोस्त !" फिर प्रशान्त को जैसे कुछ याद हो आया हो, बोला, "सुना था, तेरी वाइफ़ की डेथ हो गई...बहुत अफ़सोस हुआ था सुनकर...तुझे ख़त भी लिखा

था, पर ख़ैर, उस वक़्त मूड नहीं होता कि कोई जवाब दे... ।''

''वह एक भयानक हादसा था, प्रशान्त !...शादी करना ही एक हादसा था...जिसके बाद मैं कभी चैन से नहीं बैठ पाया।'' कमल बोस बोले।

''कुछ अन्दाज़ मुझे है, दोस्त—कहना तो नहीं चाहिए, पर जब तूने निरुपमा से शादी की थी, मैं तब भी सहमत नहीं था, खैर...छोड़ ये बातें...'' प्रशान्त ने घड़ी देखकर कहा, ''अभी चलूँगा...कल सुबह तू इंस्टीट्यूट आ जा..किस कमरे में है ?''

''तीस नम्बर !''

''ओ.के.। दैन टुमारो...यू आर कमिंग !'' कहकर प्रशान्त चला गया।

दूसरे दिन सुबह कमल बोस इंस्टीट्यूट पहुँचे, तो प्रशान्त और वे टहलने निकल गए थे। बर्फ़ानी चोटियों के नीचे से गुजरते हुए प्रशान्त ने कहा था, ''देख कमल...जब तूने निरुपमा से शादी की थी, तब सभी का यही ख़याल था कि सेन साहब ने एक ज़हीन लड़के को अपनी लड़की के लिए ख़रीद लिया है। तेरा यह फ़ैसला खुद मुझे अच्छा नहीं लगा था। निरुपमा जैसी अमीरी में बिगड़ी हुई लड़की मुझे क़तई पसन्द नहीं थी।''

''पता नहीं, उस वक़्त मुझे क्या हुआ था, प्रशान्त !'' कमल बोस ने बहुत तकलीफ़ से कहा था।

''बुरा न मानो, तो मैं तुम्हें बताऊँ, तुम्हें क्या हुआ था ?''

''ज़रूर, प्रशान्त ! ज़रूर...क्योंकि यह सब कह सकनेवाले सिर्फ़ दो लोग हैं, एक तू, और दूसरी चन्दा।...यह मन भी शायद तभी शान्त होगा जब यह सब सुन लूँगा... ।''

''जो मैं कहूँगा, वह शायद चन्दा भी तुझसे नहीं कह पाएगी... उस ग़रीब को यह सब कहाँ मालूम होगा ? सुन पाएगा, जो मैं कहूँगा ?'' प्रशान्त ने उसे गहरी नज़रों से ताकते हुए कहा था।

''सब सुन पाऊँगा, प्रशान्त !'' कमल बोस ने गहरी साँस लेकर कहा।

''तू फ़र्स्ट आया था...बस, वहीं से तू क़तई दूसरी तरह के सपने बुनने लगा था। प्रतियोगिता ! इस बेहूदे कम्पिटीशन की दौड़ में तू

शामिल हो गया था। इस मुक़ाबले की दौड़ में जीतने के लिए सिर्फ़ अक़्ल और तेज़ी ही नहीं चाहिए। इसमें जीतने के लिए वो सब चीज़ें चाहिए, जो एक सफल होनेवाले आदमी के लिए बेहद ज़रूरी होती हैं–एक खूबसूरत बीवी चाहिए, पैसा चाहिए...ऊँची रिश्तेदारी चाहिए...और सबसे बड़ी चीज़ जो चाहिए वह यह कि मुक़ाबले की इस दुनिया में सफल होने के लिए, उसे दूसरे के जज़्बातों का कोई ख़याल नहीं करना चाहिए। उसे स्वार्थी होना चाहिए...सफल होनेवाले आदमी जो दूसरों का इस्तेमाल करना चाहिए...खुद इस्तेमाल की चीज़ नहीं बन जाना चाहिए। इसीलिए, तुमने चन्दा के जज़्बात इस्तेमाल कर लिए...अब उसका दुख मनाने से फ़ायदा, पछताने का मतलब ?''

कमल बोस उसे आँखें फाड़े देखते रह गए थे। फिर धीरे से उसका हाथ पकड़कर बोले थे, ''शायद तुम ठीक कह रहे हो, प्रशान्त !''

''शायद नहीं, बिल्कुल ठीक कह रहा हूँ, कमल ! फ़र्स्ट आते ही तुम्हारा रवैया बदल गया था। यह इस सिस्टम का भी दोष है कि कुछ हासिल करते ही आदमी मुक़ाबले और होड़ की इस बेहूदी दौड़ में घोड़े की तरह सरपट भागने लगता है...वही तुमने भी किया।''

''तुम ठीक कह रहे हो, प्रशान्त ! मैंने यह सोचा ही नहीं कि मेरी दुनिया क्या थी...मैं कहाँ से चला था...लेकिन...''

''लेकिन क्या, कमल ? मुश्किल सिर्फ़ यह है कि ज़िन्दगी में हर आदमी अपने को 'जस्टीफ़ाई' करता रहता है...अगर आदमी अपने को जस्टीफ़ाई करने के बजाय कुछ और सोच सके, तो शायद उसके मन का बोझ कुछ हल्का हो सके। कौन है ऐसा जो खुद को जस्टीफ़ाई नहीं कर सकता ? एक हत्यारा, जिसे मौत की सज़ा सुना दी जाती है, वह भी अपने जुर्म के लिए बहाने खोज लेता है और जुर्म को स्वीकार न करने के बावजूद यह मानता रहता है कि जिन हालात में उसने जुर्म किया, उन हालात में वह उसके सिवा कुछ और कर ही नहीं सकता था। मैं बताऊँ तुम्हें तुम्हारी ज़िन्दगी की तफ़सील...?''

''सब कुछ कह डालो, प्रशान्त...शायद इसी से राहत मिल जाए।'' बिल्कुल हथियार डालते हुए कमल बोस ने कहा था।

''तुम बताओ, तुम फ़र्स्ट न आए होते तो चन्द्रमोहन सेन तुम्हारी तरफ़ कभी देखते ?''

"शायद नहीं !"

"निरुपमा अगर उनकी अकेली लड़की न होती, तो वे कभी तुम्हें इस तरह हाथों-हाथ लेते ?"

"शायद नहीं !"

"शायद नहीं ! सीधे-सीधे कहो—नहीं ! अपनी लड़की से वे तुम्हारी शादी न करना चाहते होते, तो वह निहायत घटिया दवाइयाँ बनानेवाला कारख़ाना तुम्हें दे देते ?"

"नहीं !"

"और तुम्हारे भीतर अगर मुक़ाबले और होड़ के राक्षस ने जन्म न लिया होता, तो तुम यह सब मंजूर करते ?"

"नहीं !"

"सफलता ही अगर सब कुछ होती...तो, मेरे दोस्त ! आज सबसे ज़्यादा खुश आदमी तुम्हीं होते...मैं भी नन्दादेवी पर एक दिन पहुँचा था। सफलता का थ्रिल...रोमांच...एक दूसरी चीज़ है, दोस्त...पर सफलता का हासिल ? हासिल है सिर्फ़ बर्फ़ीला ठंडापन। नन्दादेवी की बर्फ़ानी चोटी पर खड़े होकर एक क्षण के लिए मैंने इस सत्य के भी दर्शन किए थे। सफलता का रोमांच और सफलता का हासिल—ये क़तई दो बातें हैं।" कहकर प्रशान्त ख़ामोश हो गया था।

"तुम ठीक कह रहे हो, प्रशान्त...मेरे भीतर एक राक्षस ने जन्म ले लिया था।" कमल बोस ने पश्चात्ताप से कहा था, "मैंने सोचा था कि उस दवाइयों के कारखाने में मुझे रिसर्च करने का मौक़ा मिलेगा...।"

"यह फिर अपने को सही साबित करनेवाला रवैया है...तुम रिसर्च कहीं और भी कर सकते थे...तुम इन पहाड़ियों की जड़ी-बूटियों को लेकर खोज कर सकते थे...लेकिन सिर्फ़ रिसर्च ही तुम्हारे दिमाग़ में नहीं थी। रिसर्च और खोज के अलावा तुम्हें होड़ से हासिल होनेवाली सफलता भी चाहिए थी। वह सारा सुख चाहिए था, जो औरों की नज़रों में सुख है...वह सफलता चाहिए थी, जो औरों की नज़रों में सफलता है। अपनी नजरों में अगर तुमने सुख और सफलता चाही होती, तो शायद तुम यहाँ चन्दा के पास चले आए होते...।" कहकर प्रशान्त ने एक गहरी साँस ली, फिर बहुत प्यार से उसे देखते हुए बोला था, "एक दोस्त के नाते यह सब कहने का हक़ शायद मुझे है, तुम्हें कुछ बुरा लगा

हो तो भी मैं माफ़ी नहीं माँगूगा।''

''नहीं, दोस्त ! जो बातें मैं खुद साफ़-साफ़ अपने से कहना चाहता था, वो सब तुमने कह दी हैं...और यह बहुत अच्छा ही हुआ है...।'' यह कहकर भी कमल बोस प्रशान्त से आँखें नहीं मिला पाए थे।

वहीं एक बड़ी चट्टान पर बैठे-बैठे दोनों सामने के बर्फ़ से ढँके पहाड़ देखते रहे थे। कमल ने एक बार बीच में बुदबुदाकर इतना ही कहा था, ''तुमने बिल्कुल ठीक कहा, प्रशान्त...सफलता की चोटी पर पहुँचने का एक थ्रिल, एक रोमांच तो है, पर उसका हासिल है...बर्फ़ीली ठंडक।''

कुछ देर बाद दोनों लौट पड़े थे। माउंटेनियरिंग इंस्टीट्यूट के फाटक के पास खड़े होकर वे फिर दुनिया-जहान की बातों में उलझ गए थे। वे सब बातें जो कमल बोस की शादी के बाद से शुरू हुई थीं...और यहाँ तक घटित होती आई थीं। प्रशान्त ने सब कुछ इतनी सफ़ाई से चीर-फाड़कर सामने रख दिया था कि कमल बोस खुद अपने दिल-गुर्दे देखकर हैरान रह गए थे। आख़िर कमल बोस ने प्रशान्त को छोड़ा था, तो प्रशान्त ने कहा था, ''शाम को आना...जो दल चढ़ाई पर जा रहा है, उसके लिए विदाई-पार्टी है शाम को।''

''देखो, मन हुआ तो आऊँगा।''

''मन का क्या है...चले आना। थोड़ी रौनक़ रहेगी। कुछ वक़्त भी कट जाएगा।''

''अच्छा।''

''ओ.के. !'' कहकर प्रशान्त फुर्ती से इंस्टीट्यूट में चला गया था और बहुत थके क़दमों से, क़रीब-क़रीब घिसटते हुए कमल बोस अपने होटल की ओर चले आए थे।

कमल बोस बेहद निराश और अपराध भाव से दबे हुए अपने कमरे में आकर बैठ गए। पंखा भी उन्होंने फ़ुल स्पीड पर खोल दिया था, हालाँकि गर्मी बिलकुल नहीं थी। कुछ क्षण वे परेशान-से लेटे रहे। फिर फ़ोन

उठाकर उन्होंने रिसेप्शन से कहा, "एक मैसेज देना है। येस...टु ध्यानसिंह ड्राइवर, मानसी कैमिकल्स, इंडस्ट्रियल कॉलोनी, कलकटा। मैसेज : रीच एज़ सून एज़ पॉसिबल। कमल बोस।"

फ़ोन रखकर वे ज़रा शान्त हुए थे। पास के केबिनेट में स्टीरियो की घुंडियाँ लगी हुई थीं। यों ही एक को उन्होंने दबा दिया था..कोई खूबसूरत-सी ग़ज़ल आ रही थी।

दो पंक्तियों के बाद ग़ज़ल ख़त्म हुई, तो जिंगिल आया—एक गाती हुई आवाज़—खाँसी और जुकाम। खाँसी और जुकाम...फिर एक छींक की आवाज़ और उस पर दहाड़ता हुआ पुरुष का स्वर—तुलवसाका लीजिए। खाँसी और जुकाम से शीघ्र आराम पाइए...बनानेवाले : मानसी कैमिकल्स !

पूरे अतीत को एक-दो घंटों में चाहे कितनी भी ईमानदारी से क्यों न जिया जाए, वह सब कुछ तहस-नहस करके छोड़ जाता है। सोचते-सोचते कमल बोस भी इसी नतीजे पर पहुँचे थे कि अतीत की बातों से अतीत ठीक नहीं हो सकता। प्रशान्त ने जो कुछ कहा था, वह सब इस वक़्त हुआ होता तो कुछ और ही होता, पर इतना मान और जान लेने से ही मन अगर शान्त हो पाता तो क्या था ? अतीत का काटा पानी नहीं माँग पाता ! कुछ यही हाल था कमल बोस का।

उन्होंने परेशान होकर घुंडी घुमा दी। आवाज़ बन्द हो गई। उसके बाद जब उन्हें लगातार पाँच-छह छींकें आईं तो उठकर उन्होंने पंखा भी बन्द कर दिया। फिर फ़ोन उठाकर रिसेप्शन से बोले, "जो मैसेज मैंने अभी दिया था, चला गया है ? नहीं, तो उसे रोक लीजिए। जी, कह तो रहा हूँ। उसे मत भेजिए। थैंक्यू ।" और खट से उन्होंने रिसीवर पटक दिया।

फिर वे बिस्तर पर अपराधी की तरह बैठे नाखून कुतरते रहे। तब भी मन शान्त नहीं हुआ, तो उन्होंने सूटकेस से जानीवाकर की बोतल निकाली और बड़ा पैग बनाकर गट्-गट् पी गए। दूसरा पैग बनाकर उन्होंने सिरहाने रख लिया, और लेटे-लेटे छत को ताकते रहे थे।

कई शक्लें उभरीं और खो गईं, कई ख़याल आए और चले गए...अतीत की यात्रा में कौन साथ दे सकता था ? यह तो महायात्रा है जिस पर आदमी अकेला जाता है—औरों ने क्या किया, इससे ज़्यादा यह सोचता हुआ कि खुद उसने औरों के साथ क्या किया ! रह-रहकर

उन्हें लगा कि चन्दा का क्या हुआ होगा ? उनका अपराध-भाव इस बात से और बढ़ गया था कि चन्दा बिल्कुल बेसहारा होकर कहीं चली गई थी। वहाँ होती और मुलाक़ात हो जाती, तो शायद वह उन्हें लौटकर आया देखकर माफ़ कर देती...और उनके शेष दिन शायद कुछ चैन से गुज़र जाते। तब यह दस्तक देता हुआ अतीत इतना यातनाप्रद नहीं रह जाता।

दार्जिलिंग में पड़े रहने का अब उन्हें कोई अर्थ नज़र नहीं आ रहा था। उसकी सारी खूबसूरती अब रंगहीन हो चुकी थी। सब कुछ पर एक काली परत चढ़ चुकी थी। उन्हें हर तरफ़ दो ही चेहरे नज़र आ रहे थे—एक थापा वैद्यजी का चेहरा था जो कभी निरीह हो जाता था, कभी गुस्से से लाल हो जाता था। दूसरा था चन्दा का चेहरा, जो कभी बहुत शान्त हो जाता था और कभी बहुत तरल, सभी पीड़ाओं को पीता हुआ चेहरा। और दोनों चेहरों की व्याकुलता से अकुलाकर कमल बोस ने तय किया था कि वह चन्दा की खोज में जाएँगे।

उन्होंने रिज़र्वेशन मैनेजर को फ़ोन किया, ''आय'म पैकिंग।''

मैनेजर दौड़ा-दौड़ा आया, ''कोई बात हो गई, सर...?''

''नहीं, कोई बात नहीं है यंगमैन, बस जिस राहत की तलाश में मैं यहाँ आया था, लगता है, उसका सिरा कहीं और है।''

''होटल में तो कोई तकलीफ़...?''

''नहीं, बिल्कुल नहीं, तकलीफ़ तो मेरे भीतर है...होटल से मुझे क़तई कोई शिकायत नहीं है।''

''आपका यह ख़त...अभी इसी डाक से आया है।'' मैनेजर ने उन्हें लिफ़ाफ़ा पकड़ाया, तो उनके होंठों पर उदास-सी मुस्कान फैल गई। मैनेजर चला गया।

धीरे-धीरे बिना खोले ही उन्होंने ख़त के टुकड़े-टुकड़े करके डस्टबिन में डाल दिए और फिर बहुत विद्रूप भाव से शीशे के सामने खड़े होकर अपने से ही बोले, ''सुनो, कमल बोस ! अपने नाम अपनी ही चिट्ठियाँ लिखकर अब किसे समझा रहे हो कमल बोस ! क्या यह मन अब कभी शान्त हो पाएगा ?''

धीरे-धीरे उन्होंने अपना सामान ठीक करना शुरू कर दिया था।

होटल का बिल चुकाकर और मैनेजर से विदा लेकर कमल बोस चल दिए थे। उनकी गाड़ी का रुख नीली घाटी की तरफ़ था, क़रीब चार मील बाद ही नीली घाटी की ओर जानेवाले रास्ते पर कोई बोर्ड मिला था। एक मिनट तक वे गाड़ी रोके बोर्ड को देखते रहे थे। फिर उन्होंने तेज़ी से टर्न लेकर नीली घाटी का रास्ता पकड़ लिया था।

रास्ते-भर उनका मन अतीत में उलझा रहा था। सब घटनाएँ उनके मन को मथती रही थीं। गाड़ी काफ़ी रफ़्तार में जा रही थी कि मोड़ पर बदहवास होकर उन्होंने ब्रेक लगाए और गाड़ी सँभाली थी। ब्रेक की एक और चीख़ती आवाज़ उनके कानों में गूँज गई थी :

हाँ, गाड़ी चलाते-चलाते ऐसे ही चीख़ते ब्रेकों से निरुपमा ने गाड़ी रोकी थी और दरवाज़ा खोलकर तेज़ी से उतर गई थी। कमल बोस ने लपककर उसे पकड़ा था, नहीं तो शायद कुछ भयानक घटित हो ही जाता। निरुपमा को पकड़ते हुए वे चीख़े थे, "यह क्या हिमाक़त है ! यह बार-बार खुदकुशी करने की धमकी देने का क्या मतलब है ?"

"यह धमकी नहीं कमल, मैं इसे सच करके दिखा दूँगी। तुम्हारी बीवी हूँ, इसलिए तुम अपना यह हक़ समझते हो कि मुझे हमेशा ज़लील कर सको।" निरुपमा चीख़ी थी।

"मैं तुम्हें ज़लील कर रहा हूँ...ओह परमात्मा ! कोई नहीं जानता कि इस शानो-शौक़त और सम्मान की ज़िन्दगी के बीच मैं खुद कितना ज़लील बनकर रह रहा हूँ ! लेकिन निरुपमा, चाहे जो कुछ हो जाए...मैं तुम्हारे उस भाई को बचाने के लिए कभी ग़लत गवाही नहीं दूँगा। नक़ली दवाइयाँ उसने बनाई हैं, यह उसका और सरकार का मामला है...मेरी आत्मा यह इजाज़त नहीं देती कि ऐसा कमीना काम करनेवाले को बचाया जाए... ।"

"और अगर मैं कहूँ कि जो माल पकड़ा गया है, वह किसी और कारखाने में नहीं, हमारे कारख़ाने में बना है, तो ?" निरुपमा गुस्से से बोली थी।

"बकवास मत करो।" बेहद गुस्से में कमल बोस ने एक चाँटा निरुपमा को मार दिया था, "जब तक मैं ज़िन्दा हूँ, जब तक मैं मानसी

कैमिकल्स का मैनेजिंग डायरेक्टर हूँ...तब तक एक आउंस भी नक़ली दवा वहाँ नहीं बन सकती...'' कहते हुए उन्होंने निरुपमा को गाड़ी में मुश्किल से डाल दिया था और खुद ड्राइव करने लगे थे, ''जो भी बातें तुम्हें करनी हों, घर पर होंगी।'' और वे तेज़ी से ड्राइव करते हुए घर लौट आए थे।

घर पर भयानक झगड़ा हुआ था।

''तुम्हें कोर्ट में कहना होगा कि जो सैंपल पकड़े गए हैं, वे हमारे ही कारख़ाने के हैं...चीफ़ कैमिस्ट की ग़लती से वे सब-स्टैंडर्ड रह गए हैं...वो टेट्रासिलिन हाइड्रोक्लोराइड मिलाना भूल गया था।'' निरुपमा चीख़ी थी।

''रमेन्द्र की कारस्तानी के लिए मैं उस ईमानदार कैमिस्ट के गले में फाँसी का फन्दा डलवा दूँ, यह नहीं होगा।'' कमल बोस भी चीख़े थे।

''यह होगा।'' निरुपमा और ज़ोर से चीखी थी।

''किसी तरह नहीं होगा...।''

''होगा !''

इसके बाद तो सब कुछ टूट गया था। कमल बोस और निरुपमा के बीच टूटा हुआ कुछ तो बहुत पहले से था, पर यह घटना ऐसी थी जिसके बाद फिर कुछ भी बाक़ी नहीं बचा था। उनके बीच बातचीत ही बन्द हो गई थी। लेकिन निरुपमा यह क़दम उठाएगी, इसका अन्दाज़ा कमल बोस को नहीं था। उन्हें मानसी कैमिकल्स से कुछ लगाव नहीं रह गया था, पर फिर भी...यह सब तो उन्होंने नहीं सोचा था...और न यह कि इसका अंजाम यों सामने आएगा।

निरुपमा सब डायरेक्टरों को फ़ोन करती रही थी। मीटिंग की सूचना देती रही थी। कमल बोस चुपचाप यह तमाशा देखते रहे थे। बार-बार उनकी आँखें चन्द्रमोहन सेन के तैलचित्र की ओर चली जाती थीं, जो फ़ोन करती निरुपमा के सिर के ऊपर ही दीवार पर लगा हुआ था। कमल बोस ने इतना ही कहा था, ''जो कुछ तुम कर रही हो, उससे बाबूजी की आत्मा को शान्ति नहीं मिलेगी।''

''अपने डैडी को मैं तुमसे ज़्यादा जानती रही हूँ। तुम्हारी तरह वे

रमेन्द्र को जेल में सड़ने के लिए नहीं छोड़ देते।''

कमल बोस अपने कमरे में चले गए थे।

बोर्ड ऑफ़ डायरेक्टर्स की मीटिंग चल रही थी। निरुपमा भी थी ही। सभी मेम्बरों ने बहुमत से फ़ैसला ले लिया था। एक मेम्बर ने उठकर फ़ैसला सुनाया था, ''सारी जाँच-पड़ताल के बाद बोर्ड ख़ुद बहुमत से इस नतीजे पर पहुँचा है कि नकली दवाइयों के जो सैम्पल इंस्पेक्टर ने श्री रमेन्द्र सेन के पास से बरामद किए हैं, वे असल में हमारे ही कारख़ाने के हैं...वे नक़ली वग़ैरह नहीं हैं, हमारे चीफ़ कैमिस्ट की ग़लती से फ़ार्मूले में टेट्रासिलिन हाइड्रोक्लोराइड मिलाई जाने से रह गई थी, जिसकी वजह से दवा का असरकारी गुण खत्म हो गया है, हम इस गैरज़िम्मेदारी से भरी हरकत के लिए चीफ़ कैमिस्ट श्री रतनशंकर की निन्दा करते हैं और उसके ख़िलाफ़ हर वह कार्यवाही करने के लिए तैयार हैं, जो सरकार या अदालत मुनासिब समझेगी।''

''यह बेईमानी है !'' कमल बोस का साथ देनेवाला एक डायरेक्टर चीख़ा था, ''रमेन्द्र सेन को बचाने के लिए कैमिस्ट रतनशंकर पर इल्ज़ाम लगाना सरासर बेईमानी है। मैं इसका विरोध करता हूँ।''

निरुपमा कुटिलता से मुस्कराई थी। कमल बोरा ने वह ज़हर-बुझी मुस्कराहट देखी थी, तो उबल पड़े थे। सामने रखी सारी फ़ाइलें निरुपमा और उसका साथ देनेवाले डायरेक्टरों के मुँह पर फेंकते हुए वे उठ खड़े हुए थे, ''जहन्नुम में जाए यह कम्पनी और आप सब–जो आँखें खोले हुए सब कुछ देखते और इस बेईमानी में शामिल होते हैं।'' चीखते हुए कमल बोस कांफरेंस-रूम से बाहर निकल गए थे।

घर पर रात को फिर हंगामा हुआ था। कमल बोस ने घर और कम्पनी छोड़ देने का निश्चय कर लिया था। वे अपना सूटकेस लेकर निकले थे तो निरुपमा ने बड़ी सख़्ती से उन्हें रोका था, ''तुम कहीं नहीं जा सकते !'' निरुपमा की आवाज़ सख़्त थी।

''मुझे कोई नहीं रोक सकता।''

''तुम सिर्फ़ मेरी लाश पर से जा सकते हो। तुम दुनिया को यह

बताना चाहते हो कि तुम राजा हरिश्चन्द्र हो, कि तुम अपनी बीवी को इस तरह ज़लील करके भी निकल सकते हो। यह मुमकिन नहीं होगा, कमल ! अगर अपमान की इस आग में मैं जलूँगी, तो तुम्हें भी साथ-साथ सुलगना होगा।''

''तुम सैडिस्ट हो, निरुपमा ! सैडिस्ट ! ज़ालिम ! जो न खुद जीता है, न दूसरों को जीने देता है।'' कमल ने दाँत पीसते हुए कहा था, ''ठीक है, मैं भी देखता हूँ कि तुम कितनी ज़ालिम हो सकती हो !'' और वे सूटकेस वहीं फेंककर अपने कमरे में चले गए थे और उन्होंने अपना कमरा भीतर से बन्द कर लिया था।

सुबह वह दुर्घटना सामने आई थी। निरुपमा ने इतनी ज़्यादा स्लीपिंग-पिल्स खा ली थीं कि नींद से वह उठी ही नहीं थी।

कमल बोस भीतर तक सहम गए थे। उनके मन में दहशत समा गई थी। बहुत मुश्किल से इतना ही कह पाए थे, ''मौत तो होनी ही थी...किसकी होती, यही तय होना बाक़ी रह गया था। वह फ़ैसला भी उसने खुद ही ले लिया।''

स्टियरिंग से सिर उठाकर कमल बोस ने गहरी साँस ली थी। फिर दरवाज़ा खोलकर वे खुली हवा में कार के पास ही खड़े हो गए थे। एक संटी उठाकर वे खेल-खेल में उसे चाबुक की तरह हवा में मारने लगे थे। धीरे-धीरे पूरा वातावरण चाबुकों की मार की आवाज़ से भर गया था। और जैसे वे खुद पूरी तरह लहूलुहान हो गए थे। लस्त-से वे मील के पत्थर पर बैठ गए जो वहीं चुपचाप खड़ा था। फटी-फटी आँखों से उन्होंने आकाश और पहाड़ियों की ओर देखा था और धीरे से हँस पड़े थे। हवा में चाबुक मारो तो आवाज तो होती है पर लगता किसको है ? सिवा अपने !

कितने-कितने चाबुकों की आवाज़ आती है–

चन्द्रमोहन सेन कह रहे थे, ''तुम्हीं सोचो...क्या मिलेगा तुम्हें डॉक्टरी करके ? अपने क़स्बे में डिस्पेंसरी खोलोगे, तो कितनी आमदनी हो जाएगी ? और फिर पैसा ही तो भविष्य नहीं है...आदमी को मान-सम्मान और नाम भी चाहिए। मैं तुम्हें अपना पूरा कारख़ाना देता हूँ...दवाइयाँ बनाओ, दवाइयाँ ईजाद करो और कष्ट में पड़े लोगों की

सेवा करो...सेवा करने से तुम्हें कौन रोकता है ?''

''जी, वो दार्जिलिंग में... ।''

''दार्जिलिंग में दस कारख़ाने खोले जा सकते हैं।'' सेन साहब ने कहा था।

''असल में बात कारखाने की नहीं... ।''

''समझा !'' सेन साहब ने फ़ौरन बात ताड़कर कहा था, ''ऐसी कोई बात है तो तुम्हीं बेहतर तय कर सकते हो। इसमें मैं क़तई दख़ल नहीं देना चाहूँगा। लेकिन एक अनुभवी आदमी के नाते इतना ज़रूर चाहूँगा कि हाथी देखकर झूल डालनी चाहिए। मैं यह नहीं कहता बेटे, कि निरुपमा दुनिया में सबसे अच्छी लड़की है, पर इतना ज़रूर है कि जिस दुनिया में तुम क़दम रख रहे हो, जिस दुनिया को तुम्हें जीतना है, उसमें पत्नी एक बड़ा आधार और शक्ति है, लेकिन यह तुम्हारा जाती मामला है। तुम खुद ही सोच लो।''

सेन साहब की यह 'खुद ही सोच लो, यह तुम्हारा जाती मामला है' वाली बात ही सबसे ख़तरनाक थी। आज जब समझ में सब कुछ आता है, तो उनकी यह बात उदारता या शालीनता का आभास नहीं देती बल्कि साज़िश-भरे चाबुक की तरह लगी हुई लगती है, जिसने कमल बोस की ज़िन्दगी की दिशा बदल दी थी...उस वक़्त वे कमल बोस नहीं रह गए थे–सफलता की दौड़ में शामिल एक घोड़े थे और चन्द्रमोहन सेन का यह चाबुक ऐन वक़्त उनकी पीठ पर पड़ा था।

तब चन्दा के लिए दिल एक बार फिर मचला था लेकिन कहीं वैद्यजी ने ही यह मंज़ूर न किया, तो ? जैसे उस वक़्त कमल बोस ने बहाना खोज लिया था ! उन्होंने सब तरह से आगे आनेवाली ज़िन्दगी को जाँच-परख लिया था...वहाँ क्या है ? यहाँ तो सब कुछ है–

वह कारख़ाने में एक नई दवा की खोज और जाँच कर रहा है, उसका लिखा पेपर मेडिकल गज़ट में प्रकाशित हुआ है। मेडिकल एसोसिएशन में वह भाषण दे रहा है। लाखों लोगों को रोगों-बीमारियों से बचाने के लिए उसका सम्मान किया जा रहा है। निरुपमा के साथ वह एक बड़े वैज्ञानिक से मिलने गया है। वे कह रहे हैं–'ओह ! तो आप हैं...मिस्टर कमल बोस ! चंद्रमोहन सेन के होनेवाले दामाद ! और तुम कैसी हो निरुपमा बेटी...आओ...आओ। मिस्टर सेन का टेलीफ़ोन मुझे मिल गया था...सो नाइस टु सी यू टुगेदर... ।''

निरुपमा और उसकी शादी की बात फिर उठी थी। चन्द्रमोहन सेन ने फिर कहा था, "यह तुम्हारा जाती मामला है।"

और निरुपमा की नज़रों ने उसे बेधा था।

"मुझे मंजूर है।" कमल बोस ने निरुपमा की ओर देखते हुए कहा था।

शादी हुई थी और पार्टी में सेन साहब ने कहा था, "अब मानसी कैमिकल्स का सारा कारोबार मिस्टर कमल बोस देखेंगे। यह कम्पनी मेरी तरफ़ से कमल बोस और निरुपमा बोस के लिए शादी की सौग़ात है।"

तालियों से सारा लॉन गूँज उठा था।

और भयानक गहमा-गहमी की ज़िन्दगी शुरू हो गई थी—मैन्यूफ़ैक्चरिंग प्लांट्स को देखना। कैमिकल्स डिवीज़न को मॉडर्नाइज़ करना। ड्रग डिवीज़न को सँभालना। अपनी लैब में खुद खोज और जाँच करना। एक्सपोर्ट का काम देखना। नेशनल मार्केट में दवाइयाँ पहुँचाना। विदेशों में हो रही नई खोज़ों की जानकारी रखना। पैकिंग और रैपर की डिज़ाइनें देखना। विज्ञापन का सारा कारोबार। साथ में निरुपमा भी यथाशक्ति लगी हुई है।

फिर शाम को पार्टियाँ, क्लब और ज़रूरी अपाइंटमेंट्स। और रात को थककर निरुपमा के आग़ोश में सो जाना। फिर दूर-दूर के सफ़र करना। मेडिकल कांफ्रेंसों में भाषण देना। फ़ैक्टरी का विस्तार करना।

पर यह सब इतनी आसानी से नहीं चल रहा था, जितना दिखाई देता था। अच्छा और बुरा, ग़लत और सही के पैमानों को लेकर कमल बोस और निरुपमा के बीच इतना फ़र्क़ होगा, यह कमल बोस ने कभी नहीं सोचा था। कमल बोस तो यही समझते थे, हर ग़लत को हर आदमी सिर्फ़ ग़लत मानेगा ही नहीं, समझेगा भी...पर निरुपमा का चरित्र वे नहीं समझ पा रहे थे। चन्द्रमोहन सेन का भी नहीं समझ पाए थे। जो कुछ कमल बोस को ग़लत लगता था, उसे ग़लत मानना तो दूर, वे ग़लत समझते भी नहीं थे। बहुत बार कमल बोस ने अपने को

टटोला...कि देखें, यह दोष कहाँ पर है...पर समझ नहीं पाए—सिवा इसके कि यह भेद आदमी-आदमी के पैमानों का नहीं...यह चरित्र-दोष आदमी और आदमी के माहौल का है...।

आख़िर एक दिन यह फ़र्क़ दूसरी तरह से उभर ही आया था और रमेन्द्र के कारनामों के लिए निरुपमा से उनका झगड़ा हो गया था।

हमेशा की तरह उस दिन भी उलझा हुआ वह आया था और निरुपमा से बोला था, "तुम रमेन्द्र को समझाती क्यों नहीं? आज मुझे ख़बर मिली है कि हमारे ब्रांड्स पर वह नक़ली दवाइयाँ बनाकर बाज़ार में भर चुका है। यह मैं बर्दाश्त नहीं करूँगा।"

"जब से डैडी की मौत हुई है, तुम तो कुछ भी बर्दाश्त करने के लिए तैयार नहीं हो।" निरुपमा ने जलती हुई बात कही थी।

"क्या मतलब ?" कमल बोस बिगड़े थे।

"मतलब यही कि रमेन्द्र भी कुछ करेगा। तुम अपनी कम्पनी से उसे निकाल चुके हो, अब उसे किस हक़ से रोकोगे ?"

"नक़ली दवाइयाँ बनाने के अपराध में मैं उसे जेल भिजवा सकता हूँ।" कमल बोस ने तैश में कहा था।

"मामाजी के बहुत उपकार हैं हम पर। उनका यह अकेला लड़का है। नानाजी ने यह कारख़ाना अगर डैडी को न दिया होता, तो तुम्हारी जगह आज इसका मालिक रमेन्द्र ही होता, समझे !" कहते हुए निरुपमा अपने कमरे में चली गई थी।

और यह जली हुई बात वह ख़ून के घूँट की तरह पी गया था।

आख़िर जब एक शोर करती मोटर सवारियों को लिए हुए गुज़री तो कमल बोस की तन्द्रा टूटी थी। जैसे वे किसी भयानक स्वप्न से जागे हों। उठकर वे आए और गाड़ी स्टार्ट करके नीली घाटी की ओर चल दिए थे। घंटे-भर बाद ही वे नीली घाटी में थे। डाकख़ाने के बोर्ड पर उन्होंने बस्ती का नाम पढ़ लिया था।

लम्बी कार रुकी तो बस्ती के बच्चे इर्द-गिर्द जमा हो गए। उस जगह का माहौल जान लेने के लिए वे पासवाली चाय की दुकान पर

खड़े हो गए। बस्ती छोटी-सी थी, लेकिन इधर-उधर पहाड़ियों पर बिखरी हुई। उनके मन में आया कि चाय वाले से सीधे-सीधे ही पूछ लें कि 'करघाघर' यहाँ कहाँ है, पर एकाएक हिम्मत नहीं पड़ी, तो कुछ और ही पूछ बैठे, "क्यों भइया, यहाँ कोई डाकबँगला है ?"

"डाकबँगला ! हैगा शाब ! बस्ती छोटा है, पर यहाँ हर चीज़ हैगा शाब ! डाकखाना, डाकबँगला, भूतबँगला, शब हैगा शाब ! आप इधर रुकेगा, शाब ?" चायवाले ने पूछा था।

"शायद !"

सुनते ही फ़ौरन चायवाले ने एक लड़के को पुकारा, "ओ रामशिंहा ! जा के डाकबँगला के चौकीदार को बुला ला। बोल, शाब रुकेगा।"

कुछ मिनटों में ही चौकीदार आ गया। आते ही उसने सलाम ठोंका। कमल बोस उसे लेकर डाकबँगले में चले गए। चाय का प्याला पीते हुए उन्होंने चौकीदार से पूछा, "यहाँ कोई करघाघर है ?"

"है, जरूर है शाब ! उदर बहुत बरिया कपरा बनता, शाब ! आप कपरा खरीदेगा, तो वो सारा कपरा इदर ले आएगा।" चौकीदार उत्साह से बता रहा था।

"नहीं, हम खुद चलेंगे।"

"चलिए, शाब !"

और वे छड़ी लेकर चौकीदार के साथ नीचे उतर गए थे। करघाघर ज़्यादा दूर नहीं था। वहाँ पहुँचे, तो उसके संचालक से मिले। संचालक एक खादीधारी पहाड़ी था। बरामदे में करघे लगे थे और पहाड़ी औरतें बुनने में मशगूल थीं। संचालक के कमरे में पहुँचकर उन्होंने सीधा सवाल किया था, "आपके यहाँ दार्जिलिंग की कोई चन्दा काम करती है ?"

"चन्दा, नहीं साहब !"

"आप कितने बरस से हैं यहाँ ?"

"बीस बरस तो हुए होंगे।"

"यह बहुत पहले की बात है। शायद सत्रह-अट्ठारह बरस हुए हों....पता लगा था, वह दार्जिलिंग से यहीं चली आई थी।"

"हाँ ! एक चन्दा बहुत पहले यहाँ सूत रँगने का काम करती थी। फिर करघा भी चलाने लगी थी। ठीक है, दार्जिलिंग की ही थी। उसके

साथ एक लड़की भी थी। छोटी-सी। हाँ, थी।''

''थी तो ! तो अब कहाँ है ? कुछ आपको मालूम है ?'' कमल बोस के उत्साह पर पानी पड़ गया था।

''उसने पाँच बरस यहाँ काम किया, साहब ! फिर सिलीगुड़ी में पावरलूम लग गए, तो हाथकरघा का यहाँ का धंधा चौपट हो गया। अब दो साल से यहाँ भी बिजली के करघे लगा दिए गए हैं तो थोड़ा-बहुत काम शुरू हो गया है। उन दिनों तो सबकी रोज़ी छिन गई थी, साहब ! उसके लिए भी आमदनी का कोई ज़रिया नहीं रह गया था, इसलिए यहाँ से वह धौलपुर चली गई थी,'' संचालक ने कहा था, ''यही कहकर गई थी कि धौलपुर जा रही है। लेकिन क्या पता साब...बहुत पुरानी बात है।''

''धौलपुर ! यह किधर है ?''

''यहाँ से चालीस मील दक्षिण...आगे से रास्ता कटता है। बस भी जाती है।'' संचालक ने बताया था।

''कुछ अंदाज़ है आपको, धौलपुर में वह कहाँ हो सकती है ?'' कमल बोस ने पूछा।

''क्या पता, साहब ? दो-चार बरस की बात होती, तो शायद कुछ मालूम भी होता। अब कौन क्या कह सकता है !''

और अपने में हताश कमल बोस डाकबँगले लौट आए थे। हल्की बूँदा-बाँदी होने लगी थी, इसलिए धौलपुर जाने का सवाल नहीं रह गया था। चौकीदार ने उल्टा-सीधा खाना बनाकर उन्हें खिला दिया था। और फ़ायरप्लेस में लकड़ी के कुंदे सुलगा दिए थे।

जब रात उतर आई तो वे डाकबँगले की पहाड़ी से सामने फैलते अँधेरे के विस्तार को देखते रहे थे। आख़िर हारकर कमरे में आ गए थे। केरोसिन का लैम्प बुरी तरह धुआँ दे रहा था और सन्नाटा चारों ओर भरा हुआ था।

''चौकीदार !'' उन्होंने आवाज़ दी थी।

''जी साहब !'' चौकीदार लपककर आया था।

''तुम सुबह मेरे साथ धौलपुर चल सकते हो ?''

एक क्षण सोचकर उसने कहा था, ''चलेगा शाब ! उदर हमारा

दफ्तर है। डाकबँगला के वास्ते टाविल-साबुन भी लेता आएगा। जरूर चलेगा साब !"

और सुबह उठकर कमल बोस चौकीदार को लिए हुए धौलपुर की ओर चल दिए थे।

धौलपुर पहुँचकर कमल बोस मुश्किल में पड़ गए। यह तो काफ़ी बड़ी बस्ती थी। यहाँ बिना किसी पते के कहाँ पूछते फिरेंगे ? चौकीदार तो साथ था, पर वह भी क्या मदद कर सकता था ? और बात भी हाल की नहीं थी। बारह बरस पहले चन्दा यहाँ आई होगी...आई तो इसी रास्ते से होगी। इसी बस के अड्डे पर अपनी बच्ची को लेकर उतरी होगी...उसकी अँगुली पकड़कर यहीं से कहीं गई होगी। लेकिन किधर...दिशाएँ तो चार ही हैं, पर कितनी व्यापक और बड़ी हैं !

कमल बोस बस के अड्डे पर गाड़ी खड़ी किए शून्य में साँस ले रहे थे, सात-आठ बरस की कोई बच्ची निकलती तो उसे पहचानने की कोशिश करते, फिर उन्हें खुद पर ही रहम आ गया था। वह बच्ची क्या अब भी सात बरस की होगी...अब तो सत्रह-अट्ठारह की हो गई होगी।

"कहाँ पता करें, चौकीदार ?" हारकर उन्होंने पूछा था।

"ऐसे कहाँ पता चलेगा, शाब ! आप कहीं रुक जाएँ तो ठीक है। हमारा कुछ रिश्तेदारी इदर होता। उन लोगों से जा के बात करेगा, तो शायद कुछ अता-पता मालूम पड़े।" चौकीदार बोला।

"तो कहाँ रुका जाए ?"

"इदर भी डाकबँगला है, शाब ! अपना नीली घाटी से बढ़िया वाला।"

और कुछ चारा नहीं था। कमल बोस डाकबँगले में रुक गए।

वहाँ कुछ करने को तो था नहीं, जब मन में कुछ घुमड़ता हो तो वैसे भी कुछ अच्छा नहीं लगता। काफ़ी देर तक पड़े-पड़े वे ऊँघने लगे थे। कुछ देर बाद चौकीदार तीन आदमियों को लेकर आया, "शाब, ये लोग कुछ बताता है।"

कमल बोस चौंककर उठ बैठे। उनकी आँखों में गहरी उत्सुकता उभर आई थी। चौकीदार ने परिचय करवाया, "ये हमारा भाई लगता। चाचा का लड़का। इधर धौलपुर में परचूनी का दुकान करता है। ये

जंगल का वार्ड है, हमारे भाई का पड़ोसी है। ये पंडितजी होता। ये बौत बरस से इधर पाठशाला चलाता...।''

तीनों ने कमल बोस को नमस्ते की तो उन्होंने इधर-उधर बैठने के लिए जगहों की तरफ़ इशारा किया और चौकीदार से पूछा, ''ये लोग क्या बताते हैं ?''

सबने सबके मुँह की तरफ़ देखा, फिर पंडितजी ने सबसे पहले बात शुरू की, ''हमको इतना याद है कि एक बच्ची हमारी पाठशाला में पढ़ने आती थी। दर्जा एक में दाख़िल हुई थी। उम्र रही होगी सात-आठ बरस। उसका नाम...शायद चाँदनी था...।''

''चाँदनी था ?'' कमल बोस ने दोहराया।

''ठीक से याद नहीं है...इतना अच्छी तरह याद है कि उसका बाप नहीं था। उसकी माँ फ़ीस देने आती थी। तीन बरस बाद बच्ची ने पाठशाला आना बन्द कर दिया था।'' पंडितजी ने बताया।

''इससे तो कुछ भी अन्दाज़ नहीं मिलता। कुछ पता है, वह रहती कहाँ थी ?''

''कुछ इन्हें भी मालूम है।'' पंडित ने दूसरे आदमी की ओर इशारा किया। उसने बताना शुरू किया, ''एक चन्दा डॉक्टरनी यहाँ दस बरस पहले आई थी। नीली घाटी से।''

''हाँ...हाँ...वही होगी !'' कमल बोस ने टोका था।

''जड़ी-बूटियों से इलाज करती थी। उसके एक लड़की थी। उतनी ही बड़ी जितनी बड़ी पंडित जी बताते हैं। अभी पाँच बरस पहले तक वो इस बस्ती में रहती थी...!''

''उसके बाद ?''

''कुछ पता नहीं।''

''यह मकान वालों से पता किया जा सकता है। अगर चन्दा डॉक्टरनी को ही आप पूछ रहे हैं तो कच्ची सड़क पर मालूम हो जाएगा।'' तीसरे आदमी ने कहा।

कुछ सुराग़ मिलता नज़र आया था। कमल बोस चौकीदार तथा उन तीनों को लेकर कच्ची सड़क के इलाक़े में गए थे। बहुत वीरान-सा इलाक़ा था। वहाँ जो एक-आध लोग चल भी रहे थे, वे भी अन्दाज़ से ही सड़क के नाम पर आ-जा रहे थे। कुछ देर तो इधर-उधर भटकना पड़ा। कमल बोस को कुछ अजीब-सा भी लगा। एकाध लोगों ने उन्हें

विचित्र नज़रों से देखा। कुछ ऐसी नज़रों से जैसे इस तरह के आदमी को ऐसी बस्ती और ऐसी सड़क पर क्या काम हो सकता है ? वे तीनों लोग और वह चौकीदार उनके आगे-आगे ऐसे चल रहे थे जैसे जंगल में घायल हुए शिकार को खून के धब्बों के सहारे खोज रहे हों। एकाध जगह पूछताछ करने के बाद चौकीदार ने घर मालूम कर लिया। कुंडी खटखटाई तो मकान-मालिक निकलकर आया। कमान की तरह झुका हुआ एक बूढ़ा। चन्दा डॉक्टरनी की बात पूछी गई तो वह बहुत जोश से बताने लगा, "उन जैसी औरत होनी मुश्किल है, बाबू ! साक्षात देवी थीं। यहाँ, इसी कोठरी में रहती थीं। नियम से किराया देती थीं...ग़रीबों को दवादारू मुफ़्त दे देती थीं। वैद्क उन्हें बहुत अच्छी आती थी...।"

"तो वो हैं कहाँ ? उन्हीं को खोज रहे हैं बाबूजी..." चौकीदार की बात सुनकर कमल बोस को लगा था जैसे सिरा हाथ आ रहा है, वे बोले, "हाँ...।"

मकान-मालिक ने बात बीच में ही काट दी, "चार बरस हुए, बाबू...यहाँ सरकार ने अँग्रेजी दवाख़ाना खोल दिया, तो उनके पास मरीज़ों का आना बन्द हो गया। एक साल तो उन्होंने आफ़त-मुसीबत में काटा...उसके बाद एक बूढ़े पंडितजी के साथ वह सिलीगुड़ी चली गईं...पंडित लालबहादुर नाम था उनका...सिलीगुड़ी स्टेशन को जो रास्ता उतरता है, उसी पर कहीं घर है उन पंडितजी का। इससे ज़्यादा हमें नहीं मालूम, बाबूजी...आप उनसे मिलने सिलीगुड़ी जाएँगे ?" उस बूढ़े मकान-मालिक ने बड़ी श्रद्धा से पूछा था।

"हाँ, जाऊँगा ज़रूर।"

"तो हमारी राम-राम कह दीजिएगा उनसे। कहिएगा, यहाँ सब बहुत याद करते हैं उनको।"

"कितने बरस हुए यहाँ से गए हुए ?" कमल बोस ने फिर पूछा।

"पाँच समझिए !"

पाँच बरस ! व्यवधान घट रहा था तो आशा भी बँध रही थी। सिलीगुड़ी का पता कमल बोस ने नोट कर लिया था। अब तो उस सिरे तक पहुँचना ही था। और चन्दा से मिलना ही था।

वह रात उन्होंने उसी डाकबँगले में गुज़ारी थी। तब एकाएक लगा था

कि ज़िन्दगी क्या और कैसी होती है। रात-भर टूट-टूटकर नींद आई थी। सुबह उठे थे, तो सिर बहुत भारी था। पर, पाँच बरस की दूरी अब उतनी बड़ी दूरी नहीं लग रही थी। नाश्ता करके सवेरे-सवेरे ही निकल पड़े थे। एक ग़लत मोड़ पर मुड़ गए, तो चौकीदार ने टोका था।

उन्होंने फिर कार मोड़ी थी और चौकीदार को नीली घाटी छोड़ते हुए वे सीधे सिलीगुड़ी में पंडित लालबहादुर के घर पहुँच गए थे। उतावली में जिस आदमी से पूछा था, वह दरवाज़े की ओर इशारा करके आगे बढ़ गया था, ''यही मकान है पंडित लालबहादुर का। वो ख़ुद तो अब मालदा में रहते हैं पर उनके बाल-बच्चे यहीं रहते हैं।''

उन्होंने कुंडी खटखटाई तो जंगले से दो-तीन बच्चे झाँकने लगे। कुछ क्षणों के बाद जवान-सी औरत ने दरवाज़ा खोला, ''किसको पूछते हैं ?''

''पंडित लालबहादुर का मकान यही है ?''

''हाँ, है। काम बताइए !''

''यहाँ, आपके यहाँ चन्दा डॉक्टरनी रहती हैं ?''

''डॉक्टरनी ! कैसी डॉक्टरनी...?'' उस औरत ने आश्चर्य से देखा।

''धौलपुर से यहाँ आई थीं। उनके साथ एक लड़की भी थी।'' कमल बोस ने अटकते-अटकते सूखते गले से कहा था।

बतानेवाली जवान औरत ने पीछे खड़ी एक और औरत की तरफ मुस्कराकर देखा। वह औरत भी मुँह में आँचल देकर हँसने लगी। एक-दूसरे को देख-देखकर आधा मिनट हँस लेने के बाद, उसी जवान औरत ने कहा, ''यहाँ कोई डॉक्टरनी नहीं रहती।''

''जी...वो...जी...'' कमल बोस परेशानी में हकला ही रहे थे कि उस औरत की आवाज़ सुनाई पड़ी, ''एक पगली ज़रूर यहाँ पड़ोस में रहती थी।''

''पगली नहीं, मैं चन्दा डॉक्टरनी के बारे में पूछ रहा हूँ।'' परेशान होते हुए कमल बोस ने कहा था।

''हाँ-हाँ...उसके एक लड़की भी थी।'' औरत बोली थी।

''जी-हाँ...उन्हीं के बारे में।'' कमल बोस को सिरा बिल्कुल हाथ में आता लगा था।

''एक साल हुआ, उस पगली की तो मौत हो गई।'' उस जवान

औरत ने बिना किसी लगाव के कह दिया था।

कमल बोस सन्न से रह गए, "मौत हो गई ! ओह...कोई मर्द है घर पर जिनसे कुछ बातें मालूम हो सकें...देखिए, मैं बहुत दूर से उन्हें खोजता हुआ आया हूँ। आप कुछ और मदद कर सकें तो बड़ी मेहरबानी होगी।"

"सामनेवालों से पूछ लीजिए !" कहकर जवान औरत ने दरवाज़ा बन्द कर लिया। जंगले से बच्चे बदस्तूर झाँकते रहे।

जब तक कमल बोस सामनेवाले दरवाज़े पर पहुँचे, भीतर से एक अधेड़ निकल आया था, "आप चन्दा के बारे में पूछ रहे हैं ?"

"जी।"

"पिछले साल उनकी मौत हो गई। समझिए, तर गई। मौत से दो-ढाई साल पहले उनका दिमाग़ भी कुछ चल गया था। भूत-प्रेतों ने उनके दिमाग़ पर डेरा डाल दिया था। अच्छा हुआ कि मुक्ति मिल गई..." वे अधेड़ इतना बोलकर चुप हो गए थे।

"उनके एक लड़की थी। उसका कुछ पता है आपको ?"

"कुछ पता नहीं है, साहब ! वैसे चाँदनी तो ब्याह के लायक हो गई थी, पर जिस पर भूत-प्रेत का आसेब हो, उसकी लड़की से कौन ब्याह करेगा, साहब ! पता नहीं, कहाँ चली गई वह लड़की ? लक्षण तो उसके ठीक नहीं थे। कलकत्ता, दार्जिलिंग भाग गई होगी...।"

'अच्छा, बहुत-बहुत धन्यवाद !" कहकर वे अत्यन्त निराश-से लौट पड़े थे।

सब कुछ समाप्त हो गया था। मन पश्चात्ताप से भरा हुआ था। एक बरस पहले...अगर एक बरस पहले भी आ गए होते, तो कम से कम चन्दा को किसी हाल में देख तो लेते ! अब तो चारों तरफ़ महाशून्य था। एक विराट शून्य और बन्द रास्ते !

उनका पूरा शरीर चकनाचूर हो गया था। मन बेतरह पस्त था। अब कहीं कोई सिरा शेष नहीं था। उन्होंने भर-आँख वह पड़ोसवाला कमरा देखा था, जिसमें सालभर पहले तक चन्दा ने साँसें ली होंगी। फिर

बेहद थके क़दमों से वे कार तक आए थे और किसी होटल की तलाश में यों ही भटकने लगे थे। शायद होटल भी वे खोजना नहीं चाहते थे, पर कहीं रुकना तो था ही। एक होटल में पहुँचकर बहुत बेमन से उन्होंने कमरा बुक किया था और ऊपर अपने कमरे में जाते-जाते काउंटर पर बैठे आदमी से कहते गए थे, "देखिए, मैं कल सुबह-सुबह ही चला जाऊँगा। मैनेजर से कहिएगा, मेरा बिल तैयार रखें।"

और कमरे में पहुँचते ही वे कटे हुए पेड़ की तरह पलंग पर गिर पड़े थे। आँखों में पहली बार आँसू भर आए थे। फिर एकटक सपाट दीवार को देखते-देखते वे फूट-फूटकर रो पड़े थे।

शाम को उन्होंने प्रशान्त को ख़त लिखा था–

प्रशान्त डियर,

मैं सिलीगुड़ी में हूँ। मैं वादा करके भी इंस्टीट्यूट के फ़ंक्शन में नहीं आ सका। मैं चन्दा की तलाश में निकल पड़ा था। नीली घाटी गया। फिर धौलपुर। और धौलपुर से सिलीगुड़ी। आज पता चला कि एक साल पहले चन्दा स्वर्ग सिधार गई। मैं एक वर्ष देर से पहुँचा। अब मन बहुत उदास है।

अब तो मैं कभी भी उससे मिल ही नहीं पाऊँगा। उसकी लड़की थी चाँदनी। उसका भी कोई पता नहीं है। जाननेवाले कहते हैं, वह कलकत्ता या दार्जिलिंग चली गई होगी। अब मैं एक अन्धी गली के बन्द सिरे तक पहुँच गया हूँ, जिसके आगे कोई रास्ता नहीं है। मन बहुत दुखी और परेशान है। ऐसी हालत में तुम्हारे पास रहने कुछ दिनों के लिए आ जाऊँ तो मेरा साथ देना। मैं बहुत अकेला हूँ। कब पहुँचूँगा, बता नहीं सकता, पर किसी दिन पहुँच ज़रूर जाऊँगा।

तुम्हारा,
कमल बोस

और दूसरे दिन दोपहर को कमल बोस दार्जिलिंग के लिए रवाना हो गए। यही सोचकर कि कुछ दिन प्रशान्त के पास रहेंगे यदि मन लगा तो, नहीं तो वापस कलकत्ता लौट जाएँगे।

फिर वही रास्ता...सिलीगुड़ी से दार्जिलिंग का। थका हुआ, बेसहारा मन। कार्सियांग पर आकर मन बेतरह उखड़ गया। बुरा हाल था। भूख भी बेतरह लग रही थी।

कुछ दूर पर गाड़ी खड़ी करके वे शंटिंग करती ट्रेन को देखते रहे। शाम हो आई थी। वे कुछ फल खरीदने के लिए सीढ़ियों से उतर गए थे। पतली-सी सड़क पर फल और फूल वाले बैठे थे। कमल बोस ने चार सेब खरीदकर जैसे ही थैली सँभाली, एक हादसा हुआ।

लकड़ी की सीढ़ियों से लुढ़कता हुआ एक आदमी सड़क पर आ गिरा था और सीढ़ियों के ऊपर चौखट पर खड़ी थी एक लड़की—बीड़ी का कश लेकर गालियाँ बकते हुए।

''चले आते हैं, मरदुए ! इश्क लड़ाएँगे...अबे, यहाँ धंधा होता है, धंधा ! इश्क नहीं...अगली बार आना बच्चू तो जेब गरम और कमर पुख़्ता करके आना...।''

सड़क पर आकर गिरे हुए आदमी ने उठकर इतना ही कहा था, ''मेरे जूते...?'' उसके जूते ऊपर रह गए थे। उस फ़ाहिशा लड़की ने तड़ातड़ दोनों जूते ऊपर से फेंक दिए और चीख़ी थी, ''ये तेरी अम्मा का घर नहीं है ! समझा ?'' और हाथ मटकाती चौखट का सहारा लिए वह वहीं जड़ी खड़ी रही जैसे उसे किसी की परवाह न हो।

कमल बोस उसे अवाक् देखते रह गए थे ! उनके सामने चन्दा खड़ी थी। बिल्कुल वही ! वे ताकते रह गए...लेकिन चन्दा तो अब है नहीं...तो यह...शायद चाँदनी हो ! उसकी बेटी ! एक अजान-सी सिहरन उनके तन-बदन में दौड़ गई।

कमल बोस तब सेबवाले की ओर मुड़े थे और अटकते-अटकते, उसे देखते-देखते उन्होंने पूछा था, ''यह सब क्या है, भाई ?''

''अरे साहब, यह तो यहाँ रोज़ का धंधा है। यह क्या है, इससे ज़्यादा होता है। आप चक्कर में न पड़िए...यह रंडियों का मुहल्ला है। यहाँ का क्या...!'' कहकर फलवाला अपने काम में लग गया।

रंडियों का मुहल्ला ! कमल बोस के मुँह का स्वाद बिगड़ गया था। इस मुहल्ले में चन्दा की बेटी ? उसके सिवा यह और कौन होगी ? दो क्षणों के लिए वे सोचते-से रह गए थे...यह सब, क्या सच है ? क्या यह हो सकता है ? कैसे हो सकता है ? और यही सोचते-सोचते उनके पैर ज़ीने की ओर बढ़ गए थे।

फलवाले ने उन्हें कुछ ऐसी हैरानी से देखा था जैसे कह रहा हो—इस शरीफ़ बूढ़े को क्या हो गया है ?

निश्चित क़दमों से कमल बोस ज़ीने के नीचे तक पहुँचे थे, तब तक वह लड़की भीतर कमरे में चली गई थी। कुछ ठिठककर वे अनिश्चित क़दमों से ज़ीने पर चढ़े थे और पर्दे के पास जाकर रुक गए थे। उनकी हिम्मत नहीं पड़ रही थी कि पर्दा हटाकर भीतर चले जाएँ।

उन्होंने चौखट पर धीरे से ठक-ठक की।

एक हाथ ने पर्दा खिसका दिया। "अरे, कौन है ?" कहते हुए उसी लड़की ने अपना चेहरा बाहर निकाला था। उसने पर्दा पकड़े-पकड़े ही कमल बोस को एक बार ऊपर से नीचे तक देखा और यह विश्वास नहीं कर पाई कि ऐसा आदमी उसके कोठे पर आ सकता है।

तभी उन्होंने बहुत शालीनता से पूछा था, "मैं अन्दर आ सकता हूँ ?"

लड़की भी सकपकाई थी और कमल बोस भी एक अजीब-सी तन्द्रा में थे।

"आओ...आओ...बाहर क्यों रुक गए ? यहाँ आने के लिए इजाज़त नहीं माँगी जाती।" उसने कहा तो कमल बोस हलके क़दमों से भीतर चले गए।

"बैठो !" लड़की ने कहा।

कमल बोस ने एक बार ग़ौर से उसे देखा। उसने उन्हें देखते देखा, तो आँखें हटाई नहीं। उसकी सीधी देखती आँखों से वे घबरा उठे थे। आँखें—जैसे चन्दा अपनी आँखें ही उसे दे गई हो ! उन्होंने नज़रें हटा लीं और इधर-उधर देखने लगे।

कमरा बहुत बड़ा नहीं था। वह शायद बीच का हॉल था। उसी में दो कमरों के दरवाज़े और थे। दोनों पर पड़े हुए सस्ते पर्दे। सामने की दीवार से लगा हुआ एक पलंग। पलंगवाली दीवार पर साक़ी, मीना और रिंद की एक लहराती लाइनोंवाली तस्वीर। एक छोटी-सी खुली अलमारी, जिसमें रखी हुई कुछ ख़ाली बोतलें। पलंग पर बिछी हुई चादर काफ़ी साफ़ थी, तकिया अलबत्ता काफ़ी मैला था। पलंग के पास उलझा हुआ एक सूखा गजरा।

सब कुछ देखकर उन्होंने एक चोर-निगाह फिर उस लड़की पर डाली थी। लड़की ने उनका संकोच भाँप लिया था, बोली, "यह थैली

उधर रख दो।"

"ठीक है...ठीक है !" उनकी अँगुलियाँ सेब के लिफ़ाफ़े पर थरथराने लगी थीं।

"अच्छा हवादार कमरा भी है...बिस्तर-इस्तर बिल्कुल साफ़ मिलेगा..." लड़की बोली थी।

"हाँ !" कमल बोस ने उसे फिर देखा।

"कुछ पिओगे, बाबू ! अंग्रेजी तो यहाँ मिलेगी नहीं। ठर्रा मिल जाएगा। चलेगा ?" उसने कहा।

"ठर्रे की कोई ज़रूरत नहीं है, बेटी !" कमल बोस बहुत धीमे स्वर में बोले थे।

कमल बोस ने 'बेटी' कहा, तो उसने एक क्षण अटककर उन्हें देखा था। यह कैसा ग्राहक आ गया ? उसे लगा, यह वक़्त खराब करेगा। बीड़ी सुलगाकर उसने एक पल इन्तज़ार किया कि शायद वह कुछ कहें, लेकिन वे नहीं बोले तो उसी ने कहा, "बैठे सोच क्या रहे हो बाबू...जो करने आए हो, वह करो और अपना रास्ता नापो। समझे ! रात-भर का बीस और एक बार के पाँच ! सस्ता सौदा चाहिए तो यहाँ से उतरकर पीछे गली में चले जाओ। बोलो !"

"अभी बताता हूँ, बेटी !" उन्होंने जैसे-तैसे कहा।

"यह बेटी-बेटी क्या लगा रखा है ?" वह बिगड़ी, "अरे काम से आया है या यों ही ? बेटी-फेटी होती होंगी कहीं और !"

"मैं तुम्हारा नाम पूछ सकता हूँ ?" उन्होंने पूछा।

"अरे साला ! इसमें नाम-वाम से क्या लेना-देना ! तुम तो मगज़ चाटने लगा..आज साले सब मरदुए ही आ रहे हैं..." और वह झुँझलाती हुई उनके पास से हट गई।

तभी भीतर से उसकी साथिन चम्पा की आवाज़ आई, "क्या हुआ, मेरी बन्नो ?"

"क्या हुआ, साला एक बाप आ के जम गया है। बेटी-बेटी करता है। तू ही सँभाल इसे।" कहते हुए वह चम्पा के कमरे में चली गई।

कमल बोस कुछ समझ नहीं पाए कि अब क्या करें ? वे एकाएक हताश हो गए थे। मन में पछतावा भी घुमड़ आया था कि क्यों यहाँ आए। इससे पहले कि चम्पा निकलकर आए, वे पर्दा सरकाकर सीढ़ियों की ओर बढ़ गए थे, नीचे जाने के लिए।

चम्पा आई तो कमरा ख़ाली देखकर बोली, ''कहाँ गया बाप ? मैं ठिकाने लगा देती। यहाँ तो कोई नहीं है, चाँदनी !''

कमल बोस ने फब्ती सुनी थी...और चाँदनी नाम सुनकर वे सिहर उठे थे।

चाँदनी भी निकल आई। दोनों ने ज़ीने का पर्दा हटाकर देखा—कमल बोस नीचे उतर रहे थे। चम्पा ने चाँदनी की ओर और चाँदनी ने चम्पा की ओर देखा, और फिर वे दोनों उन्हें देखकर ज़ोर से खिलखिला पड़ी थीं। चाँदनी ने दाँत पीसते हुए गाली दी थी, ''खूसट ! सालाऽऽऽ !''

''पैसे से जवान लगता है।'' चम्पा बोली थी।

''होगा...मरद होता तो लौट जाता क्या ?'' चाँदनी बोली और भीतर चली आई थी।

कमल बोस कार तक लौट तो आए थे, पर बहुत व्याकुल थे। वक़्त ने यह सब क्या कर दिया ? चन्दा की बेटी से मिलने का सुख बहुत गहरे अवसाद में बदल चुका था...उस चन्दा की यह सन्तान ! और तभी उन्हें लगा था कि चन्दा से उनकी शादी हुई होती तो यही लड़की चाँदनी उनकी अपनी बेटी होती...और तब उनकी अपनी लड़की अगर इस हालत में सामने आई होती, तो...?

कमल बोस का मन अतल गहराइयों में डूबने-उतराने लगा था—शायद...कहीं...कहीं...वे ही तो दोषी नहीं हैं इस सबके लिए ? चन्दा का इन्तज़ार करता चेहरा रह-रहकर उनके सामने कौंधने लगा था।

कमल बोस बहुत मुश्किल में फँस गए थे। उनकी समझ में नहीं आ रहा था कि क्या करें ? कुछ देर वह गाड़ी के पास खड़े रहे, सोचते रहे। शक्ल से तो...शक्ल से तो यह निश्चित है कि यही लड़की चन्दा की लड़की है, दूसरी औरत ने चाँदनी नाम भी लिया था। वे एक बार फिर पता करने के लिए फलवाले के पास पहुँचे थे। बहुत हिचकते हुए उन्होंने फलवाले से पूछा था, ''क्यों भई, यह किसका कोठा है ?''

फलवाले ने उन्हें आश्चर्य से देखते हुए कहा, ''घायल हो गए, सेठ ! यह कोठा चम्पा बाई का है, चाँदनी बाई का भी और गंगा बाई

का भी।''

''वह कौन थी, जिसने आदमी को ऊपर से धकेल दिया था ?'' कमल बोस ने पूछा था।

''चाँदनी बाई, साब ! आते ही यहाँ कार्सियांग में तहलका मचा दिया इस पुतली ने। सुना है, ठेठ कलकत्ता की है। सिलीगुड़ी होती हुई आई है।'' फलवाले ने और तफ़सील बतानी चाही, पर कमल बोस आगे सुन सकने की स्थिति में नहीं थे।

वह रात तो कमल बोस को कार्सियांग स्टेशन के रिटायरिंग रूम में गुज़ारनी पड़ी थी, क्योंकि वे एकाएक इस हादसे के बाद कोई निर्णय नहीं ले पाए थे। रह-रहकर उनके मन को एक ही बात साल रही थी—अगर चन्दा से उन्होंने शादी की होती, तो चाँदनी...अगर चन्दा से उन्होंने शादी की होती तो चाँदनी...!

फिर उन्होंने तय कर लिया था कि वे चाँदनी से पूरी बातें-जाने बग़ैर वापस नहीं जाएँगे। अगर चल दिए तो शायद मन फिर बरसों बाद उसी तरह पछताएगा जैसे अब पछता रहा है। और तब फिर लौटकर आएँ और चाँदनी भी न मिली तो...

दूसरे ही दिन उन्होंने एक कॉटेज किराए पर ले लिया था, क्योंकि वहाँ रुक सकने का और कोई तरीक़ा नहीं था और कॉटेज में सब कुछ जमा लेने के बाद उन्होंने पहला काम फिर प्रशान्त को ख़त लिखने का किया था—

प्रशान्त डियर,

मेरा पहला ख़त मिला होगा। पर अब मैं यहाँ कार्सियांग में ही अटक गया हूँ, चन्दा की बेटी चाँदनी का कुछ सुराग़ मिला है। पर वह जिस हाल में दिखाई दी है, यह बयान नहीं किया जा सकता। मन पर बहुत बोझ है। क्या तुम विश्वास करोगे कि चन्दा की लड़की चाँदनी एक तवायफ़ है ! उसे एकाएक देखकर मैं भौंचक्का रह गया था। पर सत्य तो सत्य है। यह सब कैसे हुआ, अभी कुछ पता नहीं। पर कल रात-भर मैं यही सोचता रहा कि अगर चन्दा से मैंने शादी की होती,

तो यह लड़की जो आज तवायफ़ बन गई है, मेरी ही होती। चाँदनी मेरी बेटी होती ! और यह सोचकर मेरा मन बहुत उदास है। आख़िर इस लड़की ने क्या बिगाड़ा था ? अगर यह मेरी बच्ची होती तो...क्या इसका हश्र यही होता ? मेरा मन फटा जा रहा है...अब दुख दूना हो गया है, प्रशान्त...किसी कवि ने कहा है न—'छाया मत छूना मन, होगा दुख दूना मन... ।' चन्दा की छाया को छूकर अब हाल और भी बुरा है। मैं दार्जिलिंग नहीं आ पाऊँगा। मुझे फिर माफ़ करना।

तुम्हारा,
कमल बोस

जो कुछ सोचकर कमल बोस रुक गए थे, उनकी व्यर्थता भी उन्हें जल्दी ही दिखाई देने लगी...उस दिन तो अकस्मात चाँदनी दिखाई पड़ गई थी और उनकी आत्मा में जो लहरें उठी थीं, वे अब धीरे-धीरे सोच के तटों से टकरा रही थीं। उस दिन का कौतूहल और बाद का पश्चात्ताप उन्हें घेरकर बैठ गया था। उसी जोश में वे रुक गए थे। कॉटेज ले लिया था। मंगलसिंह नौकर भी रख लिया था, पर सवाल तो यह था कि अब क्या ? कैसे ?...और क्यों ? बिस्तर पर पड़े वे परेशान थे। मंगलसिंह चाय रख गया था, वह भी पीने की इच्छा नहीं हुई थी...वे एकटक छत को देख रहे थे...रह-रहकर कमल बोस को लग रहा था कि स्पर्धा की दौड़ में पली आत्मा के संस्कार कितने बदल जाते हैं ! अगर वे इस पच्चीस बरस लम्बी स्पर्धा की दौड़ में शामिल न हुए होते, तो शायद आज यह सब जो उनके पास है, नहीं होता...और उनकी आत्मा भी शायद इतनी हिसाबी-किताबी न हो गई होती...यह आत्मा 'क्या', 'कैसे' और 'क्यों' के प्रश्न न उठा रही होती...अगर वे दार्जिलिंग में रहकर, अपने स्तर के लोगों के बीच ही जिए होते, और इस उम्र तक पहुँचे होते, और आज कोई ऐसा ही सवाल सामने होता, तो बिना किसी नफ़ा-नुक़सान की बात सोचे हुए वे सीधे आदमियत के प्रश्नों के उत्तर दे रहे होते...सुविधाएँ, शोहरत, महत्त्व, स्तर और पैसा कैसे आत्मा का लिबास बदल देता है...कैसे आदमी की आत्मा क़ुदरती सवालों को ग़ैरज़रूरी बना देता है...अपनी ग़लतियों के लाँछनों को सह सकने की इन्सानी ताक़त को तोड़ देता है ! तब पश्चात्ताप आत्मा को नहीं बदलता, बल्कि एक आभूषण की तरह आत्मा की सजावट-भर बनके

रह जाता है...।

चाँदनी को लेकर उनके मन में जो कुछ टकराया था, कहीं वह अपनी आत्मा की सजावट-भर के लिए तो नहीं है ? कमल बोस ने अपने को टटोला था। अगर यह सब सजावट के लिए नहीं है तो 'क्या, 'कैसे' और 'क्यों' के सवाल किसलिए उठ रहे हैं ? यह व्यर्थता-सी सामने क्यों खड़ी है ? कमल बोस ने अपने को झटका था। क्या है जो उन्हें चाँदनी के पास सीधे-सीधे जाने से रोकता है ? यह मन रह-रहकर संकुचित क्यों होता है ? कहीं ऐसा तो नहीं कि चन्दा के बारे में जान लेने की उत्सुकता-भर से उनका अहं तृप्त हो जाएगा ! चन्दा की ज़िन्दगी के तहस-नहस हो जाने की करुणा कहीं उनके व्यक्तित्व की स्पर्धापूरित तृष्णा को शान्त कर लेने के काम तो नहीं आ जाएगी ? मन को दुख से भरे हुए सुख का अहसास देकर मिट तो नहीं जाएगी...?

कमल बोस अपने को टटोलते और पहचानते रहे थे...क्या फ़र्क़ आ गया था अब उनमें और उस कमल बोस में जो अपनों के बीच नहीं जिया...'कमल बोस–जो था,' और 'कमल बोस–जो है' में ! भावनाओं और पश्चात्ताप के रंग में क्या अन्तर आ गया है...'जो था' और 'जो है' के अहसासों में ! शायद 'जो था'–जब वह दुखी होता तो दुख से प्राप्त सुख के बाद भी उसे गहनतम अहसास दुख का ही होता...!

शायद 'जो है'–जब दुखी होता तो दुख से प्राप्त सुख के बाद भी गहनतम अहसास उसके अहं को सहलानेवाले सुख का ही होता ! यह फ़र्क है तो महीन, पर है ! तो, वे कौन-से दुख के लिए चाँदनी से मिलने जाएँगे ? कौन-से कमल बोस उसके सामने होंगे ?

शायद अब दोनों कमल बोसों को इतनी आसानी से अलग कर सकना मुश्किल है...पर मिलने जाना है तो 'कमल बोस–जो था' उसे ही जाना चाहिए, नहीं तो क्या मतलब रह जाएगा...?

आख़िर अपने संशयों से उबरकर वे चाँदनी के कोठे पर पहुँच ही गए थे...वे अन्तिम रूप से तो नहीं उबर पाए थे और अपने को अलग-अलग टुकड़ों में बाँट भी नहीं पाए थे...यह तो आसान था ही नहीं, अब उनके लिए।

जैसे ही कमल बोस कोठे पर पहुँचे, उन्हें देखते ही चाँदनी भड़क

गई थी, "फिर आ गया धन्धा खराब करने। इधर चक्कर काटने से क्या होगा...?"

"मेरी बात तो सुनो, बेटी !" कमल बोस ने आज़िज़ी से कहा था।

"फिर वही साली बेटी-बेटी की रट ! अरे, यहाँ बेटियाँ नहीं, बीवियाँ मिलती हैं, घंटे-भर की बीवियाँ..." वह बिगड़ी थी, "जा, जा, शिलाजीत खा के पहले हौसला पैदा कर, समझा बुड्ढे !"

"मैं कुछ कहना चाहता था...अगर तुम कुछ वक़्त दे सको..." कमल बोस जैसे-तैसे बोले थे।

"और क्या बात करना चाहता है ? अरी ओ चम्पा !" चाँदनी ने भीतर आवाज़ दी, "यह साला खूसट मुझे पटाने आया है।" कहते हुए उसने बीड़ी सुलगाई और क़श लेते हुए कहा, "कपड़े तो बड़े क़ीमती पहने है...जेब में भी कुछ है...ये गुदड़ी बाज़ार से लिए हैं क्या ?"

तभी सीढ़ियों पर क़दमों की आहट हुई। सचेत होते हुए चाँदनी ने कमल बोस से कहा, "अच्छा, अब तू जाता है कि नहीं ! पिंड तो छोड़ ! जैसे-तैसे पेट पालते हैं हम लोग। क्यों पेट पर लात मारने चला आता है ?" कहते हुए वह ठुमककर उठ गई। कमल बोस को वैसे ही बैठा देखकर वह और बिदकी, "सुन रहा है या नहीं या बुलाऊँ किसी और को...अरी चम्पा ! ज़रा निकाल इस मरदुए को यहाँ से ! जोंक की तरह चिपक के रह गया है...बात करना चाहता है ! चल, अपना रास्ता देख।" कहते हुए चाँदनी ने उनकी बाँह पकड़कर ज़ोर लगाया, और उनके न उठने पर बुदबुदाती हुई भीतर चली गई थी, "चम्पा, इस हरामजादे को नीचे फेंक...साला चिपका बैठा है।"

और इससे पहले कि चम्पा ठुमकती हुई बाहर निकलकर आए, कमल बोस बेहद अपमानित, विचलित और हताश होकर उठ आए थे। सँभलकर वे सीढ़ियाँ उतर रहे थे कि पीछे से चम्पा और चाँदनी की मिली-जुली बौछार आई थी, "मरदूद...हरामी का पिल्ला !"

कमल बोस ने पलटकर नहीं देखा था। चुपचाप सड़क पार करके लौट आए थे। रात-भर फिर उन्हें नींद नहीं आई थी। लेकिन अपना इरादा अब उन्होंने मज़बूत कर लिया था कि वे चाँदनी से मिलेंगे ज़रूर और

सब कुछ मालूम करके रहेंगे...उन्होंने आँखें बन्द की थीं तो जैसे सामने आकर चन्दा खड़ी हो गई थी और बोली थी, 'देखो कमल, जो कुछ मेरे वश में था उतना तो मैंने किया...जो मेरे वश में नहीं था उसने क्या किया, वह सब अब तुम्हारे सामने है ! तुम्हीं देखो...कितनी बेबस हो गई थी मैं !'

और उसी तन्द्रा में कमल बोस बुदबुदाए थे, "चन्दा ! यह तेरी ही बेटी है। तुझसे ही यह मेरी बेटी भी हो सकती थी।"

•

फिर एक और शाम। शाम से कुछ पहले ही। काँपते क़दमों, पर पक्के इरादे से कमल बोस चाँदनी के कोठे की तरफ़ गए थे। वह सीढ़ियों के ऊपर खड़ी चौखट का सहारा लिए सस्ती लिपस्टिक से अपने ओंठ रंग रही थी और नीचे के दुकानदार को मुख़ातिब करती जा रही थी, "अरे ओ...उस हवलदार को समझा देना...हाँ...इधर मुँह मारने आया तो जूतियाँ खाके जाएगा। यहाँ फ्री धन्धा नहीं होता... ।"

कमल बोस नीचे खड़े देखते रहे। बेहद तकलीफ़ से उन्होंने ऊपर ताका था और चाँदनी से आँख मिलते ही बहुत ताक़त बटोरकर उन्होंने सस्ते तरीक़े से आँख मार दी थी।

चाँदनी ताड़ गई थी–बुड्ढा रास्ते पर आ गया। उसने भी आँख मारकर उसे ऊपर आने का इशारा किया था और भीतर आ गई।

सीढ़ियाँ चढ़ते हुए कमल बोस जेब से रूमाल निकालकर अपनी आँखें सुखाते जा रहे थे। अपने को साधते जा रहे थे। पर्दे के पास एक मिनट के लिए वे ठिठके थे, फिर अपने निश्चय के बल पर उन्होंने भीतर क़दम रखा।

"आज क्या बात है, दिन में ही चले आए ?" चाँदनी ने पूछा, "लोगों के सामने आते घबराहट होती है क्या ?"

"हाँ, यही समझ लो...हिचक तो होती ही है !" कमल बोस ने कहा।

"अरे, हमारे यहाँ किस बात की हिचक ! यह धन्धा ही ऐसा है। इसमें जो हिचकता है, भूखों मर जाता है...तुम्हें लिहाज़ लगता है तो इसी वक़्त चले आया करो या ग्यारह के बाद। तब धन्धा धीमा पड़ जाता है। कोई रात-भर रह गया तो दूसरी बात है..." कहते-कहते चाँदनी

गिलास और दो अद्धे उठा लाई थी, "क्या पिओगे ? अंग्रेज़ी तो थोड़ी-सी है। कहो तो और मँगवा दूँ !"

"रुक के पीऊँगा। आज तुमसे सौदा करने आया हूँ, चाँदनी !"

कमल बोस ने हिम्मत करके कह दिया था।

"सौदा ! अरे, यहाँ तो खुला रेट है। एक बार बैठने का पाँच ! रात-भर का बीस !"

"अगर मैं और ज़्यादा दूँ तो ?" कमल बोस ने कहा तो चाँदनी उसके चेहरे की तरफ़ अवाक् देखती रह गई। कमल बोस ने और खुलने की कोशिश करते हुए कहा, "कितना कमा लेती हो महीने में ?"

"महीने में, कभी सौ...कभी डेढ़ सौ... !"

"अगर मैं तुम्हें तीन सौ रुपए महीने दूँ, तो ?" वे बोले थे।

"देखो बाबू...असल की बात करो...ये चारा देने से फ़ायदा ?" चाँदनी को उनकी बात पर यक़ीन नहीं आ रहा था।

"देखो चाँदनी, मेरी मुश्किल सिर्फ़ इतनी है कि ज़रा इज़्ज़तदार आदमी हूँ। इस मुहल्ले में खुलेआम आते झिझक होती है। अगर तुम मेरी कोठी में मेरे साथ रह सको तो महीने के तीन सौ मैं तुम्हें दूँगा।"

"सीधी बात करूँ ?" चाँदनी ने उसे गहराई से देखते हुए कहा, "रखैल की तरह रखोगे...कितने महीने का सौदा है ?"

"दो...तीन...चार महीने...ज़िन्दगी-भर..." वे बोले थे।

"देखो, बीवी बन के ज़िन्दगी-भर तो मैं नहीं रहूँगी, यह झंझट साला अपने को पालना नहीं है। ये साफ़-साफ़ समझ लो।" वह बोली थी।

"अच्छा, जितने दिन तुम्हारा दिल करे। ठीक !" कहते हुए कमल बोस ने उसकी ओर देखा था।

"यह ठीक है। और खाना वग़ैरह।" उसने सब तय कर लेना चाहा।

"वहाँ सब इन्तज़ाम है...तो पक्का ?" कमल बोस ने पूछा।

"पक्का ! ठीक है, पता दे जाओ, मैं आ जाऊँगी।"

कमल बोस ने उसे पता बता दिया और चलने लगे थे, तो चाँदनी ने बाँह पकड़कर कहा था, "पेशगी नहीं दोगे कुछ ?"

अपना पर्स खोलकर उन्होंने पचास रुपए उसे पकड़ा दिए थे।

सीढ़ियाँ उतरते हुए बोले थे, "मैं इन्तज़ार करूँगा।"

"बेफ़िकर रहो...मैं आ जाऊँगी।"

और चाँदनी अपना टीन का बक्सा लेकर कमल बोस के कॉटेज पर उसी शाम पहुँच गई। आँखें फाड़-फाड़कर इधर-उधर देखते हुए बोली थी, "तुम तो बहुत अमीर लगते हो, बाबू !"

कमल बोस मुस्कुरा दिए थे।

"सच बताऊँ, बाहर से तो ऐसे घर बहुत देखे थे, पर एक बार भीतर से देखने को जी ललचाता था कि देखें साला...इनमें भीतर क्या होता है..." चाँदनी इधर-उधर ताकते हुए बोली थी।

"सब देख लेना अब...वह तुम्हारा कमरा है !" कमल बोस ने सामनेवाला कमरा उसे बताते हुए कहा, "फिर तुम बैठो, मैं तब तक नहा आऊँ।" कहकर कमल बोस गुसलख़ाने में नहाने चले गए, तो चाँदनी ने एक-एक कुर्सी और सोफ़े पर झिझक- झिझककर बैठकर देखा...फिर आहिस्ता से बिस्तर पर बैठी। स्प्रिंगदार बिस्तर ने उसे थोड़ा-सा उछाला, तो उसे मज़ा आया। कुछ देर मासूम बच्ची की तरह वह बिस्तर पर उछल-उछल के देखती रही। पर्दे हटा-हटा के कमरों के भीतर आश्चर्य से झाँकती रही। आख़िर उसने बीड़ी सुलगाई और दबादब कश लेकर अपने को सँभालने लगी। ठीक हुई तो अपना टीन का बक्सा लेकर उस कमरे में घुस गई, जो कमल बोस ने बताया था।

कमल बोस जब तक नहाकर आए, चाँदनी ने भी अपनी तैयारी कर ली थी। वह वेश्याओं की तरह बन-ठन के खड़ी थी। कमल ने तारीफ़-भरी नज़रों से उसकी ओर देखा, तो चाँदनी ने आँख मार दी।

"यह क्या ?" कमल बोस ने टोका।

"क्यों ?"

"तेरी दोनों आँखें ख़ुद ही इतनी सुन्दर हैं कि इन्हें मटकाने की ज़रूरत नहीं है। समझी ! खाना मैंने मँगवा लिया है। खाना खा लें, फिर बाहर घूमने चलेंगे।"

"खाना ! अभी से।" कहकर उसने बीड़ी सुलगा ली।

"क्यों, दस बजे रहे हैं।" कमल ने बीड़ी को टेढ़ी निगाह से देखा था।

"अरे दस बजें या बारह...अपना यह धन्धा ही साला ऐसा है कि करने-धरने के बाद ही खाना खाया जाता है !" चाँदनी शोखी से बोली।

"मतलब ?" कमल बोस ने प्रश्नवाचक निगाहों से उसे देखा।

"मतलब क्या ! पहले से पेट भर जाए तो आलस आता है। ग्राहक को आलसी औरत मिले तो दूसरी बार पलटकर नहीं आता... धन्धे में इस बात का ख़याल रखना पड़ता है, बाबू ! हम तो सब निबटाकर ही खाते हैं..." वह अनुभवी की तरह बोली थी।

"निपटाना क्या है ?"

"ओफ़ हो...अब ऐसे भोले बन रहे हो !" कहते हुए उसने अँगड़ाई ली और फिर शोख़ी से उनकी ओर देखा था।

"नहीं, नहीं, पहले खाना खाओ।" कमल बोस ने कहा।

"ठीक है, लेकिन खाने के बाद मेरे साथ धमाल मत मचाना... तुम आदमियों का क्या है...आधी रात के बाद जगाने लगो...सोच लो..." और उसने बीड़ी का एक गहरा कश लेकर सुट्टा पैर से दबा दिया।

"हाँ-हाँ ! सोच लिया है।"

खाना खाकर कमल बोस ने उसे जाकर सोने को कहा और खुद वे उस कमरे में जाकर सो गए जहाँ सोते थे। आधी रात के क़रीब चाँदनी ठुनकती हुई कमल बोस के कमरे में आकर खड़ी हो गई। चौंककर कमल बोस उठ गए, "क्या है, चाँदनी ?"

"मुझे अकेले नींद नहीं आती !" वह ठुनकी थी।

"अकेले नींद नहीं आती ?" कमल बोस ने ताज्जुब से कहा था।

"हाँ ! साली ऐसी बुरी आदत पड़ गई है कि क्या बताऊँ ! अकेली होती हूँ...तो चम्पा के साथ सोती हूँ। ऐसे अकेले मुझसे नहीं सोया जाता। सच कह रही हूँ।" वह फिर बच्चों की तरह ठुनकी थी।

कमल बोस दिक़्कत में पड़ गए। कुछ क्षणों के लिए वे सोच ही नहीं पाए कि क्या करें कि चाँदनी ने ही अगला क़दम उठा लिया। वह उनके बिस्तर में घुसकर लेट गई और बोली, "देखो, छेड़ना मत...बहुत आलस आ रहा है !" और उसने उनकी कमर में हाथ डाल दिया।

कमल बोस की हालत नाजुक थी। उन्हें ऐसा लग रहा था जैसे

उनकी कमर में जीवित साँप लिपटा हुआ हो। उसकी साँस भारी हो आई। वे सोने का बहाना करते रहे। एक पल बाद ही चाँदनी ने करवट बदली। वह चित लेट गई। फिर ब्लाउज़ के भीतर पीठ पर हाथ करके उसने ब्रेसरी का हुक खोलने की कोशिश की। नहीं खुला तो कमल बोस से बोली, ''ज़रा हुक खोल देना। बहुत कस रहा है !''

कमल बोस की उँगलियाँ काँपकर रह गईं। टालने के लिए बोले, ''वो...वो मेरी नज़र कमज़ोर है। चश्मा ढूँढ़ना पड़ेगा...?''

''धत् साला...चश्मा चाहिए...कोई काम बग़ैर चश्मे के नहीं कर सकते ?'' कहते हुए उसने हुक खोल लिया।

फिर चित लेटकर उसने ब्लाउज़ के सामनेवाले चिटकनी के दो बटन खोले और आराम की साँस ली। बँधा बदन लेकर उससे सोया नहीं जा रहा था।

कमल बोस अपने को बहुत बेहूदी स्थिति में पा रहे थे। वे जैसे-तैसे अपने शरीर को दबाए, उससे कुछ दूरी रखे हुए अधलेटे-से पड़े थे। तभी चाँदनी ने उनका हाथ पकड़कर अपनी छाती पर रख लिया, ''यहाँ हाथ रख लो। मुझे नींद आ जाएगी !''

वे घबराकर रह गए। जैसे किसी जलती चीज़ पर उनका हाथ पड़ गया हो। उन्होंने चाँदनी की तरफ़ देखा...उसकी मंशा भी कुछ और नहीं थी। वह बहुत भोलेपन से बोली, ''चम्पा ऐसे ही हाथ रख लेती है... मेरी आदत पड़ गई है। शुरू-शुरू में कोई साला हाथ रख देता था तो रात-रात-भर नींद नहीं आती थी। अब, हाथ न रखे, तो साली नींद नहीं आती !''

''तुम्हारी आदतें हैं...तो कुछ मेरी भी आदतें हैं !'' अपने को बचाने की गरज़ से कमल बोस ने कहा था।

''अरे मरदों की साली बड़ी गन्दी आदतें होती हैं ! मैं तो परेशान हो जाती हूँ...हाथ रखो...'' चाँदनी उसी मासूमियत से फिर बोली थी।

कमल बोस ने बेबसी में फँसकर निरीहता से इधर-उधर देखा फिर कुछ समझ में नहीं आया तो तकिया उठाकर उसकी छाती पर रख दिया, ''यह ठीक रहेगा ! हाँ... ।''

''अच्छा ! यही सही !'' कहकर उसने तकिया सीने के पास भींच

लिया और करवट लेकर लेट गई थी। सोने से पहले कमल बोस की तरफ़ गर्दन मोड़कर बोली थी, "देखो, सो जाऊँ तो इधर-उधर हाथ मत डालना। मेरी नींद टूट जाएगी।"

और जब वह पक्की नींद सो गई तब कमल बोस की जान में जान आई। वे बेड के किनारे छिपकली की तरह चिपककर सोने की कोशिश करने लगे थे।

सुबह उठे तो नहाते-धोते, इधर-उधर की बातें करते कुछ समय गुज़र गया। खाना भी खा लिया। कमल बोस अख़बार पढ़ते हुए कुर्सी पर बैठ गए, तो ऊबते हुए चाँदनी ने पूछा, "अब ?" और वह बीड़ी सुलगाने लगी।

कमल बोस ने उसके ओठों से बिना जली बीड़ी निकालकर खिड़की से बाहर फेंक दी। चाँदनी ने उन्हें आँखें तरेरकर देखा, उसका ख़याल न करते हुए वे बोले, "बीड़ी पीना बन्द ! और जो मर्ज़ी आए करो...लेटो, बैठो...आराम करो, कोई किताब पढ़ो। पढ़ लेती हो ?"

"क्यों, क्या समझा है मुझे ! धौलपुर में थी, तो दर्जा चार तक पढ़ी थी। लाओ, पढ़ूँ ! आदमी को पढ़ दूँ, ये साली किताब किस खेत की मूली है !" उसने जैसे शर्तबाज़ी करते हुए कहा था।

कमल बोस ने एक किताब उसे थमा दी। वह अटक-अटककर और हिज्ज़े कर-करके उसे पढ़ती रहती, जैसे छोटे बच्चे पढ़ते हैं। फिर खुद ही उसका मन हट गया। किताब पटककर वह उठी और कमल बोस की गर्दन में हाथ डालकर खड़ी हो गई, "कुछ और करो।"

"क्या करूँ ?"

"कुछ भी।"

"चलो, घूम आते हैं।"

"एक बात बताऊँ...मुझे दिन में भी कोई परहेज़ नहीं है। कभी तुम्हारा मन करे...तो..." कहते-कहते वह रुक गई थी।

"सिर्फ यही बात तुम्हारे दिमाग़ में रहती है। क्यों ?" कमल बोस ने कुछ नाराज़ होते हुए कहा, "कुछ और भी सोचा करो। चलो, उठो...घूमने चलते हैं !"

उसे यह प्रस्ताव घर में बैठे रहने से ज़्यादा अच्छा लगा था। दोनों

जंगल की तरफ़ निकल गए। चढ़ाई आई तो वे पीछे रह गए थे। चाँदनी आगे निकल गई। तेज़ चलती साँस को दम देने के लिए वे रुके और चाँदनी को आगे जाते देखा तो उन्हें चन्दा की याद आ गई। वे छड़ी टेककर खड़े हो गए। चाँदनी ने मुड़कर देखा तो लौट आई और उनका हाथ पकड़कर ऊपर घसीट ले गई, ''आओ न, आओ !''

आख़िर वे थकान से चूर होकर एक जगह बैठ गए। वे हाँफ ही रहे थे कि चाँदनी एक डंठल तोड़ लाई थी, ''इसे चूस लो। हाँफी ठीक हो जाएगी। प्यास भी मर जाएगी।'' वे उसे देखते ही रह गए--यह चन्दा बोल रही थी कि चाँदनी !

कुछ क्षणों में वे प्रकृतिस्थ हो गए थे, तब सामने के पौधे की ओर इशारा करते हुए चाँदनी ने पूछा था, ''ये काहे का पौधा है, बता सकते हो ?''

''नहीं।''

''यह कटइया है, काँटे बहुत होते हैं और पीले फूल हैं इसके, इतना भी नहीं जानते !'' फिर उसने सोचा था कि ये आदमी तो यहाँ का है नहीं, कैसे जानेगा, इसलिए पूछ बैठी थी, ''बाबूजी, तुम कहाँ के हो ? और नाम ?''

''नाम है कमल बोस। रहता कलकत्ते में हूँ।''

''और काम ?''

''कोई ख़ास नहीं। दवाइयाँ बनाने का कारख़ाना है मेरा। लेकिन अब वह भी छोड़ दिया है।'' कमल बोस ने कहा था।

''छोड़ दिया है ! हाँ, साला...पैसा बहुत हो गया होगा पास में ! क्यों ?'' चाँदनी ने कहा और उसे देखने लगी।

''तुमने यह पेशा कैसे शुरू किया ? क्यों शुरू किया ? बताओगी मुझे !'' कमल बोस ने कटइया के पीले फूल को काँटों के बीच से तोड़ने की कोशिश की।

चाँदनी ने फिर उनकी तरफ़ देखा और पुरखिन की तरह बोली, ''बाबू, दुख से भरी जो बातें होती हैं न, उन्हें सोचना नहीं चाहिए... ।''

''तुम तो बड़े-बूढ़ों की तरह बात करने लगीं !'' कमल बोस ने कहा।

''यह मेरी बात नहीं है बाबू, मेरी अम्मा कहा करती थी...अम्मा ने बहुत दुख उठाए थे, इसलिए वे ऐसी बातें करने लगी थीं।'' चाँदनी

जैसे अतीत का कुछ याद करने लगी थी।

कमल बोस सिहर गए थे। उनकी आँखों में पानी की परत तैर आई थी। जेब से रूमाल निकालकर उन्होंने चाँदनी की निगाह बचाते हुए अपनी आँखें सुखा ली थीं।

कुछ देर तक कोई नहीं बोला था। फिर चाँदनी ने ही कहा था, "छोड़ो बाबू, इन बातों को। क्या रखा है इनमें...आओ, नीचे चलें !" कहते हुए वह उछलती-कूदती वहाँ पहुँच गई थी, जहाँ एक पतली नदी बह रही थी। सतह पथरीली थी। एक चट्टान पर बैठकर चाँदनी ने अपने हाथ-पैर धोए थे, और ऊपर देखकर आवाज़ लगाई थी, "आओ बाबू !"

वह आए तो चाँदनी शोख़ी से उन्हें देखने लगी। अपना घाघरा उसने घुटनों तक सरकाया हुआ था। कमल बोस आकर खड़े हुए तो उन्होंने छड़ी से उसका घाघरा नीचे करके उसकी टाँगें ढँक दी थीं। चाँदनी ने उन्हें देखते हुए फिर घाघरा ऊपर सरकाकर और ज्यादा टाँगें खोल ली थीं। कमल बोस ने फिर छड़ी से उसे सरकाकर उसकी टाँगें ढँक दी थीं। उसने ज़िद में फिर खोली थीं, तो कमल बोस ने हलके से उसे छड़ी मार दी थी।

चाँदनी ने छड़ी को हाथ से पकड़कर खींच लिया तो वे क़रीब-क़रीब उसके ऊपर गिर-से पड़े थे, "अरे, ये क्या करती है...?"

"तुम्हें ये टाँगें, ये बाँहें, ये पूरा शरीर अच्छा नहीं लगता ?" चाँदनी ने कहा था, "कोई कमी है मेरे बदन में ? देखो !" तरीक़े से वह खड़ी हो गई थी। "अरे ! इस बदन के लिए दूर-दूर बस्तियों से लोग साले भागते चले आते हैं। हाँ...!"

"मैं भी बहुत दूर से आया हूँ," कमल बोस ने स्थिति को टालने के लिए कहा।

"तो अपना पैसा काहे को बर्बाद कर रहे हो ? ये घास, पत्तियाँ, पत्थर, पानी देखने के लिए ?" चाँदनी बोली।

"तुम नहीं समझ पाओगी।" कमल बोस ने कहा।

"क्या नहीं समझ पाऊँगी ? अरे, तुम आदमी लोग बनते बहुत हो। पर मैं चाँदनी हूँ, चाँदनी ! एक मिनट में आदमी को उधेड़कर रख देती हूँ। बहुत-से साले आए और चले गए। हाँ ! तुम समझ रहे हो, मुझे सता रहे हो ? असल में तुम अपने को सता रहे हो। पैसा दिया है बाबू

तो अपने पैसे का पूरा फ़ायदा उठाओ।'' वह चटख़ती हुई बोलती चली गई।

''पहली बात तुमने ठीक कही कि मैं अपने को सता रहा हूँ।'' कमल बोस बोले।

''बेकार सता रहे हो। आओ, आओ...यहाँ भी कोई नहीं है,'' फिर इधर-उधर देखकर बोली थी, ''आओ, उस पार चलें।''

कमल नज़दीक आ गए थे। वह उनका सहारा लिए-लिए कुछ पत्थरों को पार करती गई...तभी धार में कहीं से बहते हुए आक के सफ़ेद फूल आ गए...और एकाएक पच्चीस बरस पीछे लौटकर, कमल बोस ने चाँदनी को अपनी बाँहों में लगभग उठा लिया, लेकिन आगे नहीं चल पाए। डगमगाकर दो-एक क़दमों के बाद ही रुक गए।

''उठाकर पार ले चलो न !'' चाँदनी मचली।

''शायद मैं नहीं ले जा पाऊँगा।''

''बहुत भारी हूँ ?''

''हलकी तो तुम उतनी ही हो, पर मैं उस लायक़ नहीं रह गया हूँ।'' कमल बोस ने पानी की बहती धार देखते हुए कहा था। उसने उनकी बात में छिपे अतीत को नहीं समझ पाया था।

''कितनी हल्की हूँ मैं ?'' चाँदनी ने बात जाननी चाही थी।

''फूल की तरह। लेकिन मैं तुम्हें उठा नहीं सकता।'' कमल ने कुछ और सोचकर कहा था।

''तुम भी कभी-कभी बिल्कुल मेरी अम्मा की तरह बातें करते हो, उखड़ी-उखड़ी। यह सब अपनी समझ में नहीं आता। आओ, घर चलें, वहीं कमरे में साथ-साथ बैठेंगे। यहाँ तुम्हारे बस का कुछ नहीं है। आओ, चलें।'' चाँदनी ने बहुत उचटे मन से कहा था। उसे लगा कि कमल बोस में दमखम नहीं है।

और एक शाम चाँदनी क़िस्सा सुनाने लगी। कमल बोस सिरहाने से लगे बैठे थे। चाँदनी पालथी मारे वहीं बिस्तर पर जमी थी, ''हाँ तो सुनो, कभी-कभी तो साले ऐसे हरामी के पिल्ले आते हैं कि...''

''कौन आते हैं ?''

''अरे, एक-से-एक मरदूद !''

"बहुत अच्छे !" कमल बोस ने व्यंग्यमय प्रशंसा के लहजे में कहा और पास पड़ी साइड-टेबुल से काग़ज़ और पैंसिल उठाकर बैठ गए, "मैं ज़रा तुम्हारे कुछ शब्द नोट करता जाऊँ।" फिर नोट करने के लहज़े में बोले, "एक शब्द बहुत ही बढ़िया है—साले ! हूँ !" और उन्होंने नोट करके आगे कहा, "दूसरा शब्द तो कमाल का था। ह...रा...मी...के...पि...ल्ले। क्या बात है ! और वो तीसरा क्या बोली थी ?"

चाँदनी ने त्यौरियाँ चढ़ाकर उन्हें देखा।

"क्या शब्द था...ऊँ...मरदूद ! यह शब्द थोड़ा फीका है, नहीं ? ज़रा तगड़ा शब्द बोलो !" कमल बोस ने उसे छेड़ा।

"बोलने लगूँगी तो नोट करना भूल जाओगे; हाँ...!" चाँदनी ने शान से कहा, "तुम हमारा मज़ाक बना रहे हो।"

"नहीं...नहीं...ऐसी बात नहीं है।" कमल बोस बोले।

तभी मंगलसिंह आया, "खाना तैयार है साहब !"

"लगा दो !" कहकर उन्होंने सिगरेट सुलगा ली थी।

माचिस की डिबिया उठाकर चाँदनी ने एक तीली निकाली और अपना कान कुरेदने लगी। कमल ने देखा तो उसे टोका, "ऐसा मत करो !"

"बहुत खुजली हो रही है।" कहकर कान कुरेदती रही।

"मैं क्या कह रहा हूँ ? तीली से कान मत कुरेदो !" वे बिगड़े थे।

"क्यों ? ये साली खुजली...!" वह कुरेदते-कुरेदते बोली।

"क्या कहा ? साली !"

"मैंने नहीं कहा...मैंने कहा, खुजली।"

"जो भी कहा हो, लेकिन कान से तीली निकालो !" कहते हुए उन्होंने चटाख से उसकी बाँह पर मारा, "इससे ज़हरबाद हो जाता है !"

"हूँ।" चाँदनी ने आँखें मटकाईं। फिर उन्हें ग़ौर से देखते हुए बोली, "अम्मा भी यही कहा करती थीं...जब भी कान कुरेदो, टोकती थीं। ऊपर से रौब जमाने के लिए जोड़ देती थीं, "मुझे एक डॉक्टर ने बताया था। जैसे डॉक्टर कोई तोप हो !"

कमल बोस उससे आँखें छिपाकर इधर-उधर देखने लगे। फिर गहरी साँस लेकर बोले, "चलो, खाना खा लें !"

दोनों उठकर खाने की मेज़ पर चले गए थे।

...जैसे डॉक्टर कोई तोप हो ! यह बात कमल बोस की चेतना में अटकी रह गई थी। और भी बहुत-सी छोटी-छोटी बातें...।

कितनी गहरी चोट लग जाती थी एकाएक ! वे सहमकर रह जाते थे। काफ़ी-काफ़ी देर तक वे सब सुन ही नहीं पाते थे, जो चाँदनी बोलती थी। वे तो कहीं और, कुछ और ही बातें करते रह जाते थे। या हवा में तैरती पुरानी बातों को दोहराया जाना देखते रह जाते थे।

चाँदनी ज़्यादा परेशान नहीं करती थी, पर जितनी परेशानी उन्हें थी, उसका उसे अहसास हो, यह मुमकिन ही नहीं था। वे अकेले बैठते तो घबराते, चाँदनी होती तो घबराते। कब कौन-सी घबराहट ज़्यादा होती, यह अन्दाज़ भी नहीं हो पाता था।

कुछ छोटी-छोटी बातें सन्तोष भी दे जाती थीं...क्योंकि 'साली' बोलकर चाँदनी झूठ बोल गई थी—'मैंने नहीं कहा...।' उसमें जो यह ज़रा-सी झिझक आई थी, वह अच्छी लगती थी...वह कुछ गंदा बोलते-बोलते अब हकलाती थी और उनकी तरफ़ हँसती आँखों से देखकर अटकते शब्द को बोल देती थी, तो उन्हें वह शब्द उतना बुरा नहीं लगता था।

पर इससे होता क्या था ? दंश तो कुछ और ही था...भीतर ही भीतर काटता तो कुछ और ही था। वे चाँदनी को ग़ौर से देखकर कुछ और ही पहचानने की कोशिश करते, तो उसका अर्थ उसके लिए दूसरी तरह का हो जाता था और फिर चाँदनी इतना मौक़ा ही कहाँ देती थी ? उसकी आँखों, बातों, हाव-भावों में कुछ भी अटका या रुका हुआ था ही नहीं।

अनुभव के कितने पहलू और हर पहलू के कितने रंग होते हैं, यही समझने में वे उलझ जाते थे।

फिर शायद तीसरी या चौथी दोपहर थी। कमल बोस चाँदनी के साथ लॉन में बैठे थे, तो वह बोली थी, "तुम अपना पैसा यों ही ख़राब कर रहे हो ?"

"होने दो।"

"अच्छा, एक बात बताओ...तुम्हारे पास इतना पैसा कैसे हो गया ? पहले से था ?" बहुत भोलेपन से वह बोली थी।

''पहले तो मैं बहुत ग़रीब था।'' उन्होंने कहा था।

''फिर ?''

''काम किया, मेहनत की...'' वे बोले थे।

''मेहनत तो मेरी अम्मा भी बहुत करती थीं...मैं भी बहुत करती हूँ, हमारे पास तो नहीं होता।'' कहकर वह उन्हें देखने लगी।

''क्या बताऊँ, कैसे हो जाता है !'' उनके पास कोई साफ़ जवाब नहीं था।

''अम्मा कहती थीं, ईमानदार लोग हमेशा ग़रीब रहते हैं। ग़रीबी इस बात का सबूत है कि हम ईमानदार हैं। यह सच है ?'' उसने पूछा था।

''तुम्हारी माँ कहती थीं न !''

''हाँ।''

''बहुत हद तक सच है। तुम्हें धौलपुर की कुछ याद है ?'' कमल बोस ने पूछा था।

''थोड़ी-थोड़ी ! अम्मा के साथ जड़ी-बूटियाँ कूट-पीसकर मैं दवाइयाँ बनाती थी। अम्मा के पास बहुत-से मरीज़ आते थे। फिर मालूम नहीं क्या हुआ, मरीज़ आना बन्द हो गए। फिर हम लोग पंडित चाचा के साथ सिलीगुड़ी चले आए।''

''कौन पंडित चाचा ?''

''ऐसे ही एक थे। अम्मा से कहते थे, कलकत्ता ले चलेंगे। अम्मा कभी कलकत्ता जाने को तैयार नहीं हुईं। मेरा बहुत मन करता था कलकत्ता देखने को, पर अम्मा जो सोच लेती थीं, वही करती थीं। मरते मर गईं, पर कलकत्ता नहीं गईं। पंडित चाचा ने बहुत बार कहा—वहाँ कामधाम करने, जीने के बहुत-से रास्ते हैं, पर वो नहीं मानीं।'' चाँदनी कहते-कहते उदास हो आई थी।

''फिर ?''

''फिर पता नहीं, क्या हुआ, बहकी-बहकी बातें करने लगती थीं। उनका दिमाग़ कुछ चल गया था। मैं उन दिनों एक चाय गोदामवाले के यहाँ जाती थी, चूरा चाय के पैकेट सिलने का काम मिल गया था।'' कहते-कहते चाँदनी एकटक सामने देखने लगी थी, जैसे कुछ फिर से घटित हो रहा हो।

चूरा चाय के डिब्बे। छपे हुए पीले पैकेट। उस पर साफ़ा बाँधे

चाय पीते आदमी की शक्ल। कई लड़कियाँ नाप-नापकर चाय भरते हुए और मशीन पर बैठी चाँदनी उनके मुँह सिलते हुए। एक साथ मुँह सिलकर बारह-बारह पैकेटों की झालर बनाते हुए !

झालरवाले पैकेट छोटी दुकानों पर पहुँचानेवाला समरबहादुर एक दिन आकर बोला था, ''अरे ओ चाँदनी ! अपनी माँ को ताले में बन्द करके आया कर, नहीं तो किसी दिन गाड़ी-ट्रक के नीचे आ जाएगी।''

कोने में बैठे मीज़ान लगाते हुए मुनीम ने पूछा था, ''क्यों, अन्धी है क्या ?''

''अन्धी नहीं, पगली है ! अभी मैंने देखा, सड़क के उस पार चुपचाप खड़ी थी। इस पार एक लड़का जा रहा था। स्कूल से लौट रहा होगा। उसे देखते ही वह एकदम तीर की तरह सड़क पार करके भागी। ट्रक आ रहा था। वह तो कहो, ट्रकवाले ने ब्रेक लगा दिए, नहीं तो नीचे आ जाती।''

''बच गई न !'' मुनीम ने अपनी रौ में कहा, ''फिर काहे को परेशान है, भाई ! जा, अपना काम कर।'' फिर मीज़ान लगाते हुए अपनी आदत के मुताबिक मुनीमजी ने बात को बीच में पकड़ा, ''अरे, समरबहादुर, इधर आना !''

''जी !'' समर ने पैकेट झोले में भरते हुए कहा।

''इसकी माँ लड़के की तरफ़ क्यों भागी थी ?'' मुनीमजी बदस्तूर मीज़ान लगाए जा रहे थे।

''पगली है न ! उस लड़के को जाकर उसने बाँह से पकड़ लिया और पूछने लगी, तुम्हारे इम्तहान खत्म हो गए ? वह लड़का तो हाँ-हूँ करके चला गया। दूसरा लड़का मिला, तो उसके पास जाकर बोली, तुमने डॉक्टरी पास कर ली ?''

''पगली हो गई है !'' मुनीमजी ने मशगूल रहते हुए ही कहा, ''कहीं तुम तो पागल नहीं हो गए हो ! तुम अपना काम देखो !''

समरबहादुर मुनीमजी को पैकेटों का हिसाब नोट करवा के चलने लगा तो उन्होंने फिर बात का छोर पकड़ा, ''तो उसे ताले में बन्द करके क्या होगा ?''

''किसे ?'' समरबहादुर ने बात को न समझते हुए पूछा।

''अरे, उसे ही। चाँदनी की माँ को। तुम जाओ न अपने काम पर।'' मुनीम ने उसे हाँकते हुए चाँदनी को आवाज़ लगाई, ''अरे

चाँदनी ! तेरी माँ पागल हो गई है, तो उसे पागलखाने में डाल दे। ताले में बन्द करने से क्या होगा ?''

''तो क्या उन्हें पागलखाने में भर्ती करवा दिया था ?'' कमल बोस ने बहुत तकलीफ़ से पूछा था।

''हाँ...कुछ दिनों बाद !'' बेहद उदास स्वर में चाँदनी बोली थी, ''उन्हें अपना होश नहीं रह गया था। जब-तब यही पूछती थीं, तुम्हारे इम्तहान हो गए ? तुमने डॉक्टरी पास कर ली ? और वहीं, छोटे-से पागलखाने में उनकी मौत हुई थी। शाम को ख़बर मिली थी...मैं गई तो एक कोठरी में उनकी लाश चादर से ढँकी रखी थी। डॉक्टरी पर्चा नहीं मिला था लाश उठाने का। यों भी रात में उनके आख़िरी क्रिया-करम के लिए कोई नहीं था। वह रात...वह रात मैंने वहीं काटी थी...ओह, वह रात !'' कहते-कहते चाँदनी काँपने लगी थी। वह जैसे आपे से बाहर हो गई थी, ''उस रात से ज़्यादा काली रात मेरी ज़िन्दगी में कोई नहीं हो सकती...!'' और वह फूट-फूटकर रोने लगी थी, जैसे वह रात अब भी उसके सामने खड़ी हो।

वह छोटी-सी कोठरी। उसमें मैली चादर से ढँकी पड़ी माँ की लाश। चाँदनी अपने को सँभालते हुए पहुँची थी। पागलखाने के चपरासी ने उसे भीतर छोड़ दिया था। चार-पाँच पागल जमा हो गए थे। चाँदनी ने चादर उठाकर अपनी माँ क़ा चेहरा देखा था, तो पागलों में से एक हँसने लगा था।

कितना डरावना था वह दृश्य ! उन पागलों के बीच माँ की लाश को लिए बैठी वह ! साँप की तरह चमकती पागलों की आँखें...उनके चेहरे...उस एक हँसी के बाद सब चुप हो गए थे...जैसे मौत का डर उनमें भी समा गया हो, फिर एक पागल औरत रोते-रोते गाने लगी थी।

अँधेरे में जलती हुई एक लालटेन, जो बाहर बरामदे के खंभे पर लटकी थी।...पागलों की लम्बी-लम्बी छायाएँ।

चाँदनी आकर बरामदे में बैठ गई थी, दीवार से पीठ लगाकर। धीरे-धीरे सब पागल इधर-उधर चले गए थे। भीतर माँ की लाश पड़ी थी। और ख़ाली बरामदे में वह अकेली अपने अँधेरे दिनों को देख रही थी।

तभी एक छाया आई थी। उसके पास आकर खड़ी हुई, तो वह एकदम डर गई थी। काँपती हुई खड़ी हो गई थी और डरी हुई आवाज़ में बोली थी, ''कौन ? कौन हो तुम ?''

''डरो मत, मैं पागल नहीं हूँ।'' उस आदमी ने कहा था, ''तुम्हारी माँ मर गई है न, तुम बहुत अकेली हो गई हो, फ़िक्र मत करो। सुबह मैं इसका सारा इन्तज़ाम कर दूँगा।''

एक क्षण के लिए चाँदनी घबरा उठी थी। कमल बोस ने उसे परेशानी से देखा...उसका गला सूख रहा था। वह बहुत कुछ कहना चाहती थी, लेकिन कह नहीं पा रही थी। उसका चेहरा कुछ सोच-सोचकर विकृत हो रहा था। चेहरे की मांसपेशियों में तनाव आ रहा था। फिर चाँदनी ने अपने को सँभाला था और बताने लगी थी, ''खैर, और जो कुछ हुआ उस भयानक रात में, उसे छोड़ो। मैं शायद बेहोश थी, उस सुबह जब पागलख़ाने के चपरासी ने मुझे जगाया था। मैं वहीं बरामदे में पड़ी थी।

''चपरासी की इतनी बात जागते-जागते मैंने सुनी, 'बेचारी दुख के मारे बेहोश हो गई।'

''मैं जागी थी, तो 'लाश जलाने की इजाज़त मिल गई है,' कहते हुए चपरासी ने एक पर्चा मेरी ओर बढ़ा दिया था। फिर बोला था, 'लोग तो हैं नहीं, इसलिए मैं साइकिल-ठेला किराए पर ले आया हूँ। उसी पर रखकर श्मशान चले चलेंगे।'

'' 'श्यामलाल ! अरे आ जाओ भाई !' चपरासी ने आवाज दी तो दो लोग आ गए थे।

''लाश को साइकिल-ठेले पर रख लिया गया था। चपरासी और वे दो लोग ठेला लिए हुए आगे-आगे चले जा रहे थे। मैं चल नहीं पा रही थी। बेहद थकी और पस्त, मैं पीछे घिसटती जा रही थी, जैसे मेरे शरीर पर लाखों मन बोझ लदा हो। टाँगों के बीच भयानक जलन हो रही थी।''

चाँदनी काफ़ी देर तक शून्य में देखती रही थी, जैसे वह अब भी साइकिल-ठेला देख रही हो, जिस पर उसकी माँ की लाश जा रही थी। कमल बोस बेहद विचलित हो गए थे। उनकी समझ में नहीं आ रहा था कि क्या करें, क्या कहें...हथेलियाँ पसारकर कुछ क्षण वे अपने ही हाथ की रेखाएँ देखते रहे। फिर उनकी आँखों में पानी तैर आया, तो

उन्होंने दोनों हथेलियाँ आँखों पर रख ली थीं और आँसू सुखाकर उन्होंने चाँदनी की ओर देखा था कि कहीं वह उन्हें देख तो नहीं रही है ?

उनकी आँखों में जब दोबारा सैलाब आया, तो उन्होंने जेब से चश्मा निकालकर आँखों पर चढ़ा लिया और इधर-उधर देखने लगे थे।

चाँदनी ने पलटकर कमल बोस को देखा था। उसकी आँखों में भी आँसू भरे हुए थे। पहले तो उसने उन्हें छिपाने की कोशिश की, पर जब नहीं छिपा पाई थी तो उसने बेहिचक कमल बोस की आँखों पर से चश्मा उतारकर खुद लगा लिया था और अपने आँसू थामने की कोशिश करने लगी थी। फिर उन्हें चश्मे के भीतर से देखते हुए बोली थी, "तुम रो रहे हो, बाबू !"

"मैं कहाँ रो रहा हूँ !" अपने आँसू सँभालते हुए कमल बोस ने कहा था, "रो तो तुम रही हो !"

और उन्होंने उसकी भीगी आँखों पर से चश्मा उतारकर बीच में पड़ी छोटी मेज़ पर रख दिया था।

चश्मा मेज़ पर पड़ा था और वे दोनों एक-दूसरे से अपने को बचाते हुए अलग-अलग देखने की कोशिश कर रहे थे।

कुछ-कुछ बदला-बदला लग रहा था अब कमल बोस को। यह सही था कि अतीत और भी बोझिल हुआ जा रहा था, पर चाँदनी और उनके बीच का तनाव ढीला-सा पड़ता दिखता था। अब वे कुछ और सहज होकर उससे बात कर लेते थे। चाँदनी भी पहचाने तरीक़े से घर में चहलक़दमी कर लेती थी। उठती-बैठती थी। उस दिन वे दोनों कहीं से लौट रहे थे, तो चाँदनी बोली थी, "मैं ज़रा उधर हो आऊँ ?"

"किधर ?"

"चम्पा के पास।"

"चम्पा को यहीं बुला लो।"

"नहीं, मैं ही हो आऊँगी।'

और वह चम्पा से मिलने चली गई थी। खिड़की से कमल बोस उसे जाते हुए देखते रहे थे।

चाँदनी अड्डे पर वापस पहुँची तो चम्पा ने उसे लम्बे हाथ करके लिया, "अरे, मैं तो समझी, तूने घर ही बसा लिया ! अब काहे को आएगी ?"

"अरे छोड़ साली...रात तक तो बसी नहीं।" इस बार साली कहते-कहते उसे झटका-सा लगा था, पर फिर भी वह कह गई थी।

"तब तो और आराम है। खेल खिलाकर बूढ़े को सुला दिया कर। पर इन बूढ़ों को नींद कम आती है, परेशान तो करता होगा...?" चम्पा ने काजल लगाते हुए कहा।

"सीधा है।" चाँदनी बोली थी।

"अरे, तू तो दस दिन में ही ऐसी बात करने लगी, जैसे वह खूसट तेरा खसम हो !" चम्पा ने छेड़ा और दो बीड़ियाँ सुलगाकर एक अपने मुँह में लगा ली, दूसरी चाँदनी को थमा दी। चाँदनी ने बातचीत का फ़ायदा उठाते हुए वह बीड़ी वहीं चुपके से बुझाकर दबा दी। तब तक अधेड़ गंगाबाई भी आ गई, "अये हये ! दुलहनियाँ ससुराल से मायके आ गई ! ज़ेवर-ऐवर दिखा...सैंयाजी ने पहली रात क्या दिया ?"

"कहती है, अभी रात ही नहीं बसी ?" चम्पा ने लाली लगाते हुए कहा।

"इन बूड्ढों की नस मुझे मालूम है। बड़े घाघ होते हैं। ये बूढ़े...हाँ...!" गंगाबाई समझाने लगी, "बाद में कमबख़्त शरीफ़ बन जाते हैं...हाँ। पूरा पैसा लेती जाना। अँगूठी-वँगूठी पहनाए तो उतारकर मत दे देना।"

"वो कुछ करेगा, तभी तो पैसा लूँगी।" चाँदनी बोली।

"इस भलमनसाहत में मारी जाएगी मेरी मुन्नी।" चम्पा ने उसकी ठोड़ी प्यार से पकड़ते हुए कहा, "इधर भी धन्धा गरम है आजकल। बीस-बाइस मील भीतर कोई बाँध बन रहा है। साले तमाम ठेकेदार और इंजीनियर बाबू लोग आए हुए हैं। तो कुछ दिनों के लिए छोड़ उस खूसट को...इधर की कमाई कर ले...फिर चली जाना ! ले, तैयार हो जा..." चम्पा ने अपना सस्ता मेकअप का सामान उसकी ओर बढ़ा दिया।

तभी सीढ़ियों पर क़दमों की आहट हुई। चम्पा ने उठकर देखा, एक ग्राहक था। भीतर आकर बोली, "ज़रा इसे सँभाल। मैं घंटे-भर बाद बैठूँगी। एक ठेकेदार कह गया है, खाली रहना...ये तो वही पुरानावाला आया है...साला पहलवान की औलाद !"

"नहीं...नहीं, तू ही सँभाल," चाँदनी ने कहा और दरवाज़े पर

अटके मरियल-से आदमी को देखते हुए बोली, "आइए पहलवान जी !"

"ससुरी मज़ाक करती है," नशे में वह मरियल बोला।

"अबे ! बड़ा आया है...हरा ऽऽ," चाँदनी की ज़बान अटकी तो चम्पा ने उसकी गाली पूरी कर दी, "हरामी का पिल्ला...उतर...उतर यहाँ से !"

वह आदमी पर्दे के पीछे हो गया, तो चम्पा ने चाँदनी को डाँटा, "तू तो ग्राहकों से बात करना भी भूल रही है, मेरी मुन्नी ! आख़िर बैठना तो इसी कोठे पर है। सब कुछ भूलकर लौटेगी, तो क्या करेगी ? बड़ा जादू कर दिया है बूढ़े बालमजी ने !"

"अरे ऐसा कुछ नहीं है। मैं चलती हूँ, चम्पा !" कहते हुए वह भीतर अपने कमरे में गई थी। वहाँ रखा दूसरा पुरानावाला छोटा-सा टीन का बक्सा उसने खोला था, कुछ निकाला और चल दी। दरवाज़े से निकली तो उसी पहलवान ने बाँह पकड़ी, "कहाँ जा रही है, मेरी लालपरी !"

"अरे छोड़, छोड़ न !" झिड़कते हुए चाँदनी ने हाथ छुड़ाया, तो वह बोला "अरे, टेढ़ी बात करती है। सीधी बात ही नहीं करती !"

कमल बोस खाने पर उसका इन्तज़ार कर रहे थे। चाँदनी ने मोतियों का हार पहन लिया था, जो वह अपने बक्से से लाई थी। कमल बोस ने देखा तो देखते ही रह गए। उनके सामने चन्दा कौंध गई और वह क्षण, जब उन्होंने चन्दा को यही हार देकर उससे प्यारी-सी डाँट खाई थी।

"हार तो बहुत अच्छा है। कहाँ से लाई ?" कमल बोस ने पूछा था।

"अम्मा का है। बहुत अच्छा है न !" चाँदनी इठलाती हुई बोली थी।

"हाँ !" कमल बोस ने चुपचाप कौर तोड़ लिया था, "आओ ! खाना खा लें।"

रात घिर आई थी। चारों तरफ़ सन्नाटा था। कमल बोस अपने कमरे

की खिड़की के पास खड़े होकर सिगरेट पी रहे थे कि पीछे से आकर चाँदनी ने उनकी कमर में दोनों बाँहें डालकर जकड़ लिया था।

"क्या करती हो ? क्या करती हो ?" वे हड़बड़ाए-से बोले, "सीधे रहो।" उन्होंने उसे झिड़का तो चाँदनी उन्हें देखती ही रह गई।

"बैठो। सीधे बैठ जाओ।" कमल बोस ने कहा।

यह सुनते ही चाँदनी बिफर उठी, "सुनो साहेब ! मैं तुम्हारी बीवी नहीं हूँ कि जब मन आया झिड़क दिया, हाँ ! अपने ये तेवर किसी और को दिखाना।"

"तुम बुरा मान गईं, चाँदनी ?" कमल बोस बोले।

"अच्छे और बुरे को मारो गोली। मुझे यहाँ काहे के लिए ला के बिठाया है ? काम-धन्धेवाली औरत हूँ...सीधे-सीधे अपना काम करो तो मेरा पैसा भी पटता जाए। ज़बर्दस्ती भार चढ़ रहा है।"

"क्या ?"

"हाँ ! ठीक कह रही हूँ, तुम अमीरों के ये इश्क-विश्क के चोंचले अपने लिए बेकार हैं। हम इश्क नहीं करते, पेट भरते हैं, पेट ! पाँच मिनट में एक आदमी फ़ारिग होता है...समझे ! यही सब करना है तो हमारे यहाँ एक बुढ़िया भी है। वह पचास रुपए महीने में चली आएगी। औरत रखने की तुम्हारी हवस पूरी हो जाएगी और पैसा भी बचेगा।"

"क्या बकती हो, चाँदनी !" कमल बोस ने उसे टेढ़ी नज़रों से देखा।

"बक नहीं रही हूँ। सीधी बात कर रही हूँ। ईमानदारी का धन्धा है अपना। क्या नहीं है मुझमें ? बोलो...कानी हूँ...खुतरी हूँ...तुम पैसे देते हो तो हम भी अपनी हड्डियाँ तुड़वाते हैं...ये मांस नुचवाते हैं...कुछ करना-वरना हो तो करो, नहीं तो हमें छुट्टी दो। हुँ, दस दिन सा...ले...यों ही गुज़र गए फोकट में।" साले कहते हुए वह फिर अटकी, पर फिर अपनी ज़िद में वह 'साले' को और ज़ोर से बोली थी।

"तुम्हें पैसे से मतलब है, वह तुम्हें पेशगी दे चुका हूँ !"

"अरे, ये रखो अपनी पेशगी," कहते हुए उसने पचास रुपए के नोट उनके सामने फेंक दिए, "मेरे इतने दिन ख़राब कर दिए।"

"पैसे तो दे चुका हूँ...वापसी का क्या सवाल है ?" उन्होंने नोट उठाकर उसकी ओर बढ़ाते हुए कहा, "महीने के पूरी तीन सौ दूँगा।"

“न बाबा, न, मुझे नहीं चाहिए ये हराम के पैसे !” वह बोली थी।

“हराम के ?”

“और क्या ? कुछ करते-धरते तो हो नहीं...समझते हो, मैं फोकट के पैसे ले के चली जाऊँगी ! अरे बाबू, एक दिन सबको ईश्वर के यहाँ जवाब देना पड़ता है। ये पाप मैं काहे को लूँ ?” चाँदनी ने प्रायश्चित्त के लिए जैसे अपने कान पकड़ लिए थे, “धन्धा करूँगी तो पैसा लूँगी। ये मामूली काम नहीं है बाबू, बहुत पित्ता मारकर अनजाने आदमी हो सहना होता है। तुम औरत होते तो समझ पाते !”

“चाँदनी !” कमल बोस की आवाज़ तरल हो आई थी।

“हाँ, बाबू !” चाँदनी की आँखें डबडबा आई थीं, “हज़ार आदमियों के साथ एक-एक बार सोना और एक आदमी के साथ हज़ार बार सोना...इसका फ़रक तुम नहीं समझ सकते। इसे औरत ही समझ सकती है।” कहते-कहते वह रो पड़ी थी।

कमल बोस ने उसे बच्ची की तरह अपने सीने में छिपाना चाहा था, तो कमल को ग़लत समझकर वह बिजली की तरह छिटककर अलग खड़ी हो गई थी, “मत छुओ मुझे। अब इस वक़्त मैं वह नहीं हूँ ! तुम्हारी हवस भी इसी वक़्त जागी ? ओह !” और वह जलती आँखों से उसे ताकती रही, “इस वक़्त दूर रहना मुझसे ! नहीं तो बहुत बुरा हो जाएगा !” वह कूदकर अलग खड़ी हो गई थी।

कमल बोस उसकी ओर बढ़े थे। उन्हें लगा था कि सारी बर्फ़ अभी पिघल जाएगी...रिश्ते इसी क्षण में साफ़ हो जाएँगे। और वे उसे बच्ची की तरह अपने सीने में चिपका लेंगे। अभी चाँदनी के आँसुओं से उनके सीने के सब जलते-दहकते दाग़ धुल-बुझ जाएँगे। शायद यही क्षण होगा, जब वे बिल्कुल वीतराग होकर अच्छे और बुरे से परे, सुख और दुख से दूर, एकदम शान्त होकर मौत को भी स्वीकार कर सकेंगे। उनका दिल एक बाप की तरह उमड़ आया था...!

“मेरी बच्ची ! मेरी बच्ची...” कहते बाँहें फैलाए वे आगे बढ़े थे। आँखों में पनीले बादल भरे हुए, कि चाँदनी पागलों की तरह चीख़ी थी “हाथ मत लगाना मेरे बदन को, हरामज़ादे ! कच्चा खा जाऊँगी तुम्हें !” कहते-कहते वह पीछे सरकती जा रही थी और दरवाज़े के पास आकर वह तीर की तरह उस कमरे से भागी थी, चीख़ती हुई,

"बचाओ ! बचाओ...!"

वह बाहर की तरफ़ भागी तो नौकर मंगलसिंह मुख्य दरवाज़े से दौड़ता हुआ आता मिला। उसे देखते ही पलटी थी और अपने कमरे में भाग गई थी, भीतर से उसने दरवाज़ा बन्द कर दिया था।

कमल बोस और मंगलसिंह एक-दूसरे को ताकते खड़े थे। कमल बोस ने अपने को बहुत ही ग़लत स्थिति में पाया था। वे बेज़ार, बेहाल और बदहवास-से खड़े थे। उनकी समझ में नहीं आ रहा था कि अब क्या करें और मंगलसिंह से क्या कहें ? जो कुछ मंगलसिंह सोच रहा होगा, वह कितना ग़लीज़ होगा कि वे किस तरह चाँदनी से पेश आए होंगे...नहीं तो कोई वेश्या इस तरह चीख़कर नहीं भागेगी। वह सोचेगा कि उन्होंने ज़रूर कुछ ऐसा किया होगा जो एक वेश्या तक बर्दाश्त नहीं कर पाई होगी...!

मंगलसिंह आगे बढ़ा, तो कमल बोस बेतरह घबराकर कमरे में लौट गए।

"साब, सुनिए !" कहते हुए वह उनके पीछे आया, "इस तरह की औरत को आप मुँह न लगाते तो अच्छा होता। इनके लिए सबसे सस्ती चीज़ है इज़्ज़त। आप कहें तो मैं अभी इस कुतिया को निकाल बाहर करूँ। चुटकी बजाते !"

"नहीं, मंगलसिंह !" कमल बोस बोले, "मैंने इसे अपनी हवस के लिए नहीं रखा है। बात कुछ और ही है। लेकिन लगता है, यह लड़की अब सिर्फ़ हवस के काम ही आ सकती है। उस कोठे पर ही यह जी सकती है !"

"मोरी का कीड़ा मोरी में ही रहता है, साहब !" मंगलसिंह बोला था।

"लगता यही है, मंगलसिंह ! जाओ, तुम सो जाओ जाकर।"

मंगलसिंह चला गया, तो कमल बोस ने बोतल निकालकर सामने रख ली थी। बहुत देर तक वे पीते रहे थे। उनके मन में अंधड़ घुमड़ता रहा था। तभी बारिश आई थी। बेतरह बिजली कड़कती रही थी। कॉटेज की बिजली चली गई थी। और कमल बोस रातभर एक के बाद एक मोमबत्ती जलाते रहे थे।

और दूर कहीं से चाँदनी के शब्द उनके ज़हन में उभरते रहे थे—'हम इश्क नहीं करते, पेट भरते हैं, पेट !...हज़ार आदमियों के साथ

एक-एक बार सोना और एक आदमी के साथ हज़ार बार सोना...इसका फ़रक़ तुम नहीं समझ सकते...!'

सुबह हुई तो वे बेहद लस्त थे। नींद अब भी नहीं आ रही थी। बदन बेतरह टूट रहा था। आँखें जल रही थीं। तभी लगा कि दरवाज़े के पास कोई छाया है...बाहर कुछ आहट भी हुई थी। फिर दरवाज़े के चौखट के पार चाँदनी खड़ी दिखाई दी, तो वह एकदम बिस्तर पर उठकर बैठ गए। वह उन्हें ग़ौर से देख रही थी। उसके चेहरे से भी यही ज़ाहिर हो रहा था कि वह भी रात-भर सोई नहीं थी।

"आओ, चाँदनी ! वहाँ क्यों खड़ी हो ?" कमल बोस धीरे से बोले थे।

"आ जाऊँ ?" चाँदनी ने कहा था और वह आकर बिल्कुल उनके पास बैठ गई थी, "मुझे माफ़ कर दो ! रात को मैं आपे से बाहर हो गई थी। लेकिन वह मेरी मजबूरी थी, बाबू...तुमने बच्ची कहकर मुझे क्यों पुकारा था...? तुम्हें नहीं मालूम, बच्ची बनाकर मुझ पर क्या जुल्म तोड़ा गया था...!"

कमल बोस ने भारी-भारी आँखें उठाकर उसकी ओर देखा, तो वह आगे बोली थी, "पागलख़ानेवाली बात याद है न...अम्मा की लाश जब कोठरी में पड़ी थी, और मैं बरामदे में आकर बैठ गई थी, तो उन्हीं पागलों में से एक आदमी आया था। चारों तरफ़ सन्नाटा था। उसे एकाएक अपने पास देख, मैं घबराकर बोली थी, 'कौन ! कौन हो तुम ?'

"उसके बाद सब कुछ कैसे हो गया था। पीछे सरकते हुए मैंने उस पागल को देखा था। जब मैं कोठरी में थी, तब पागलों के गोल में वह आदमी भी था। मैं घबराकर चीख़ना ही चाहती थी कि उस आदमी ने बहुत आहिस्ता से कहा—'डरो मत ! मैं पागल नहीं हूँ।' और उसने मेरे कंधे पर हाथ रख लिया था—'बिल्कुल मत डरो। मुझे मालूम है तुम्हारी माँ मर गई है। तुम अब बिल्कुल अकेली हो।'

" 'हाँ ! लेकिन...लेकिन...,' मैंने सूखते गले से कहा था।

" 'मैं पागल बना हुआ हूँ...तुम मेरी बच्ची की तरह हो। घबराती

काहे को हो !' कहते हुए वह मेरे पास सरक आया था। फिर वह भी वहीं दीवार से लगकर बैठ गया था। उस आदमी ने धीरे-धीरे बात शुरू की थी—'मेरा नाम बाबूलाल है। मैं पागल नहीं हूँ।'

" 'लेकिन तुम रहते तो यहीं पागलखाने में हो !'

" 'हाँ ! मजबूरी में। लेकिन जल्दी ही छूट जाऊँगा।' वह बोला था।

" 'यहाँ से ?'

" 'यहाँ से और फाँसी की सज़ा से भी।'

" 'फाँसी की सज़ा से ?' मेरा गला सूखने लगा था।

" 'हाँ।' वह बोला था।

" 'क्या कह रहे हो तुम ?' मेरी साँस फूल आई थी।

" 'हाँ, ठीक कह रहा हूँ, डरो मत। तुम मेरी बच्ची की तरह हो।' कहते हुए बाबूलाल ने मुझे एक बाँह से लपेट लिया था और बोला था, 'मेरी रंजिश थी एक आदमी से। वह मुझे ख़त्म कर देना चाहता था। एक दिन मेरा दाँव लग गया। मैंने उसके टुकड़े-टुकड़े कर दिए !'

"मैं सिहर उठी थी। एक हत्यारे का वही हाथ मुझे टटोल रहा था, जिससे उसने क़त्ल किया होगा। डर के मारे मेरी बोटी-बोटी सुन्न हो गई थी।

" 'मेरी बच्ची !' कहते हुए वह मुझे और ज़्यादा समेटने-लपेटने लगा था, और बताता जा रहा था, 'मुक़दमा चला, अदालत ने मुझे फाँसी की सज़ा दी। मौत से बचने के लिए मैं पागल बन गया हूँ। पागल आदमियों के सब जुर्म माफ़ हो जाते हैं। मुझे पूरी उम्मीद है कि मुझे पागल क़रार दे दिया जाएगा। यहाँ का डॉक्टर भी मुझसे डरता है। यही एक रास्ता था—मौत से बचने का। कुछ दिन यहाँ काटकर, सज़ा से बरी होकर मैं आज़ाद हो जाऊँगा। तुम बहुत अकेली हो गई हो, क्यों ?' कहते हुए उसने मुझे दबोच लिया था।

"तुम्हीं सोचो बाबू, एक हत्यारे के साथ...पागलखाने का ख़ाली सूना बरामदा। कोठरी में पड़ी माँ की लाश। अँधेरी भयानक रात। बाबूलाल के छूने, और मन में समाए डर से मेरा सारा बदन नीला पड़ गया था। और वह कहता जा रहा था, 'बच्ची, तुम बहुत अकेली हो गई हो, क्यों ?'

"और उसने मुझे जकड़ लिया था। मुझे नंगा करके वह मेरी दोनों

टाँगों के बीच कसाई की तरह बैठ गया था। कुछ देर छुरियाँ चलने का अहसास रहा, फिर मैं बेहोश हो गई थी...।

"सुबह चपरासी ने मुझे उठाया था। बेहोशी से होश में आते-आते मैंने चपरासी की इतनी बात सुनी थी, 'बेचारी दुख के मारे बेहोश हो गई !'

"मैं किसे बताती बाबू कि मेरे साथ क्या हुआ था ? अब तो अम्मा भी नहीं थीं। उसके बाद मेरे सामने क्या रास्ता रह गया था? सिवा इसके कि कोठे पर बैठ जाऊँ। कोई नहीं होता, कहीं कोई अपना होता तो शायद ढाँक-तोपकर मेरी ज़िन्दगी को रास्ते पर ला देता।" कहते-कहते चाँदनी रो पड़ी थी।

कमल बोस का दिमाग़ जैसे जवाब दे गया था। बुरी तरह से चकराकर जब दिमाग़ कुछ स्थिर हुआ था तो कमल बोस ने बहुत संयत तरीक़े से कहा था, "तो अब कौन-सी देर हो गई है ?"

"अब तो अपना ढर्रा बन गया है, बाबू ! जो होना था, हो गया। अब चाँदनी किसी के हत्थे नहीं चढ़ेगी। इस धन्धे की भी दुनिया बुरी नहीं है। किसी दिन चम्पा से मिलवाऊँगी तुम्हें ! खरा सोना है, ख़रा !"

"मिलवाना।" कमल बोस ने उसका मन रखने को कह दिया था, फिर बोले थे, "अच्छा, अब तुम जाकर आराम कर लो।"

वह दिन आलस में ही कट गया। कमल बोस को बड़ी राहत मिली। चाँदनी के भीतर की वेश्या कब भभक उठेगी, इसका उन्हें अन्दाज़ नहीं मिल पाता था। कितनी तरह की बातें उस लड़की में समाई हुई थीं, किस-किस तरह से वह पेश आती थी, कितनी तरह के डर उसके भीतर भरे हुए थे, कितने मुलम्मे चढ़ाकर वह वेश्या के रूप में खटती थी, और कितनी भयानक थी उसकी कहानी...!

काग़ज़ उठाकर वे यही सब प्रशान्त को लिखने बैठ गए थे, और अन्त में इतना ही उन्होंने लिखा था—'ज़िन्दगी कितनी पेचीदा है, यह वही लोग जानतें हैं, जो उसे जीने के लिए मजबूर हैं, हमारे जैसे लोग उसे सिर्फ़ दूर से देखते हैं और उन्हें यही लगता है कि ज़िन्दगी सिर्फ़ खूबसूरंत है, इसे यों ही रहना चाहिए। बदलना नहीं चाहिए। लेकिन...यह एक बहुत बड़ा 'लेकिन' है...प्रशान्त डियर...।'

ख़त बन्द करके उन्होंने मंगलसिंह को आवाज़ दी। वह आया तो लिफ़ाफ़ा देते हुए बोले, "इसे अभी पोस्ट कर आओ।"

मंगलसिंह चला गया।

उस दिन सोकर चाँदनी उठी, तो काफ़ी ताज़ा लग रही थी। खुले हुए बाल, कुछ-कुछ अलसाया-सा शरीर। कमल बोस एक क्षण के लिए डगमगा गए थे। चन्दा अगर इसी तरह घर में होती, तो ऐसी ही लगती...उसके खुले बाल और अलसाया शरीर देखने का उन्हें कभी मौक़ा नहीं मिल पाया। कितना सुन्दर होता है घर की खुशबू में भीगा हुआ अलसाया बदन !

उन्होंने अपने सिर को झटककर उस ख़याल को अलग कर दिया था। तभी चाँदनी बोली, "आज तो खाना भी गोल हो गया। बड़ी भूख लग रही है।"

"फल रखे हैं, उठा लाओ। मंगलसिंह आ जाए तो कुछ खाना बनवा लेना।"

खाना खाने और वक़्त काटते जाने के अलावा और करने को था ही क्या !

चाँदनी फलों की टोकरी उठा लाई। एक सेब उसने कमल की ओर उछाल दिया और दूसरा खुद लेकर खाने ही वाली थी कि कमल ने टोका, "नहीं, ऐसे नहीं, चाक़ू लाओ। ऊपरवाला हिस्सा काटकर खाओ। उसमें कीड़ा होता है।"

"बड़ी आफ़त है। अम्मा भी टोकती थीं...कीड़ा होता है। काटकर खाओ। उसी तोप ने अम्मा को बताया था।"

"तोप ने !"

"हाँ ! वो हमेशा उस तोप का हवाला देती थीं न, मुझे एक डॉक्टर ने बताया था...साला डॉक्टर...!"

"क्या कहा ?" कमल बोस ने टोका।

और उसने साला कहने की सज़ा में जुबान काट ली। फिर उसने चाकू लेकर सेब का सिरा काटना चाहा तो कमल बोले, "लाओ, मैं काट दूँ।"

"मालूम है ! खूब अच्छी तरह मालूम है।" कहकर उसने अपना

और उनका, दोनों सेब काट दिए थे।

सेब खा चुके तो चाँदनी ने पूछा, "अब क्या करोगे ?"

"अब ! शतरंज आती है तुम्हें ?"

"अपन को नहीं आती। गुट्टा खेलोगे ?"

"कैसे खेलते हैं...भूल रहा हूँ।"

"मैं बता दूँगी।" और वह दौड़कर बाहर से पाँच गुट्टियाँ उठा लाई थी। फिर फ़र्श पर कमल बोस को बैठाकर गुट्टा खेलना बताती रही थी। जब कमल बोस ठीक से खेल नहीं पाए तो ऊबकर खेल बन्द कर दिया था और उबासी लेकर बोली थी, "सुस्ती आ रही है।"

"और सो लो !"

"एक बात बताओगे ?" चाँदनी ने पूछा।

"बोलो।"

"ऐसे कब तक चलेगा ?"

"कैसे ?"

"ऐसे...ब्रह्मचारियों की तरह ! ऐसा करो...दिन-भर मैं तुम्हारे पास रहा करूँ। दोपहर बाद उधर चली जाया करूँ, सवेरे फिर आ जाया करूँगी। क्यों ?" चाँदनी बोली थी।

"दो-चार दिन और देखने दो।" कमल बोस ने कहा।

"क्या देखोगे ?"

"तुम्हें !"

"अच्छा जी। यह बात है...अभी मैं तुम्हारे लायक़ नहीं हो पाई हूँ। सस्ती औरत लगती हूँ। ठीक है, बताऊँगी तुम्हें। तुम अपने को बहुत ज़्यादा लगाते हो। अरे, तुम्हें ठीक न किया तो अपना नाम चाँदनी नहीं।"

"ये बात है ?"

"हाँ, ये बात है !"

"देखेंगे।"

"देखना।" और शोख़ी से मुस्कुराती हुई वह अपने कमरे में चली गई थी।

बात की बात में कमल बोस कहते तो चले गए थे, पर बाद में पछताते

रहे थे कि यही बात कहीं कोई ग़लत मोड़ न ले आए। वे बहुत सतर्क हो गए थे। पर जब दो-तीन दिन ठीक से निकल गए तो उन्हें बड़ी राहत मिली।

उस दिन दोपहर को कमल बोस सोकर उठे, तो चाँदनी मुँह फुलाए बैठी थी, ''मेरा मन नहीं लगता, मैं ज़रा उधर चम्पा के पास जा रही हूँ। तुम तो पड़कर सो जाते हो। मैं अकेले क्या करूँ ?''

''जो बाक़ी औरतें करती हैं।'' वे बोले थे।

''मैं औरत नहीं हूँ। मुझे क्या मालूम, औरतें क्या करती हैं ?'' वह बोली थी।

''तुम औरत नहीं हो ?''

''हाँ, तवायफ़, तवायफ़ होती है। वह और कुछ नहीं होती।'' चाँदनी ने कहा तो कमल बोस के मुँह का ज़ायका कसैला हो आया था। कड़वा घूँट पीते हुए बोले थे, ''जाओ, नहीं मन मानता तो ज़रूर जाओ चम्पा के पास। मन करे तो आ जाना। न मन करे तो मत आना।'' कहते-कहते वे झुँझला उठे थे।

''बिगड़ते तो ऐसे हो जैसे ख़रीद लिया हो मुझे !'' चाँदनी ने ताना मारा।

''ज़बान लड़ाने से फ़ायदा !''

''ये हक़ जमाने का मतलब ?'' उसने तड़ाक से कहा था।

''मेरा क्या हक़ है तुम पर ?'' कमल बोस ने उदासी से कहा।

''मैं जा रही हूँ।'' कहते हुए वह चली गई।

कमल बोस बेबसी में सब देखते रह गए। वह चली गई तो कमल बोस अकेले इधर-उधर टहलते रहे। यही सोचते रहे कि चाँदनी को यों अकेले ऊब तो होती ही होगी...वे तो दोपहर में सो गए थे...हॉल के फ़र्श पर उन्होंने देखा—इक्कट-दुक्कट खेलनेवाली नसेनी बनी थी...उन्हें हँसी आई—सचमुच बच्ची है ! चाँदनी...कूद-कूदकर 'पालाचुक' खेलती रही होगी। पर कब तक खेलती ! दोपहर तो लम्बी होती है आख़िर...वह करती भी क्या ? उन्हें लगा कि शायद वह शाम तक लौट आएगी। खिड़की के पास खड़े रहे। पर वह नहीं आई। खाने पर उन्होंने उसका इन्तज़ार किया। पर वह तब भी नहीं आई। आख़िर खाना खाकर

उन्होंने गाड़ी निकाली।

चाँदनी के कोठे से काफ़ी दूर उन्होंने गाड़ी रोकी, फिर पैदल चलकर उसके कोठे के आसपास चक्कर काटते रहे। उनकी हिम्मत ऊपर जाने की भी नहीं पड़ रही थी। आख़िर जब खिड़की की रोशनी भी बुझ गई तो वे हताश लौट आए।

उन्हें लगा था कि चाँदनी अब नहीं आएगी।

वे भी लौट आए। अपनी रोशनी बुझाकर सोने की कोशिश करने लगे।

आखिर सुबह वे उठे तो फिर खिड़की के पास जाकर खड़े हो गए। दूर रास्ते पर उन्हें चाँदनी आती लगी। कुछ देर में आकर वह सामने खड़ी हो गई।

''नाराज़ हो ?'' आते ही चाँदनी बोली।

''नहीं।''

''मैं तो कहीं की नहीं रही। न यहाँ मन लगता है, न वहाँ।'' वह बोली थी।

''ख़ामख़्वाह की बातें करने से फ़ायदा ?'' कमल बोस ने झिड़का था।

''ठीक है...मैं वहीं चली जाती हूँ।'' वह भी तुनकी थी।

''शाम को चली जाना। अगर हो सके तो...'' वे बोले थे।

''अच्छा...ठीक है। मैं अपने कपड़े धो लूँ। बहुत गंदे हो गए हैं।''

कमल बोस देखते रहे। वह कपड़ों का गट्ठर उठाकर बाथरूम में चली गई।

कपड़े फैलाकर वह लौटी तो कमल बोस के सामने आकर बैठ गई। कुछ इस आशय से कि वे पूछें कि वह कहाँ रही। कमल बोस ने कुछ नहीं पूछा तो खुद ही बोली, ''एक बात बताऊँ।''

''बताने लायक़ हो तो बताओ।''

''तुम्हारे साथ रहते मुझे कितने दिन हुए ?''

''एक महीना।''

"ठीक ! महीने के तीन सौ रुपए हुए। पर सच्ची-सच्ची बता दूँ ?"

"बताओ।" कमल बोस उसकी बात नहीं समझ पा रहे थे।

"तुम पूरा रुपया दोगे ?" उसने सवाल किया था।

"ज़रूर दूँगा।"

"मैंने तुम्हारे बीस रुपए बचा दिए हैं।" वह शोख़ी से बोली थी।

"मतलब !" उन्होंने आँखें तरेरकर उसे देखा था।

"कल रात उधर रुकी थी न, तो बीस मिले थे। तुम दो सौ अस्सी देना। तुमसे बेईमानी नहीं करूँगी।" चाँदनी ने जैसे निर्मल मन से कहा था।

"चाँदनी !" कमल बोस पागलों की तरह चीख़ उठे थे, "ब्रह्मा भी उतर आए तो तुम्हें रास्ते पर नहीं ला सकता।"

"तुम नाराज़ हो गए ? अच्छा...अब नहीं करूँगी। जो किया, जो कमाया, तुम्हें साफ़-साफ़ बता दिया।"

"तेरा मन तो उजला है चाँदनी, अपना तन भी उजला कर लेती तो सब कुछ कितना ख़ूबसूरत होता !" खीजते हुए कमल बोस ने कहा था और उसी खीज में वे अकेले ही बाहर चले गए थे।

लौटे तो चारों तरफ़ सन्नाटा था। मंगलसिंह भी नहीं था। चाँदनी की आहट ली तो कुछ सुनाई नहीं दिया। शाम भी काफ़ी हो गई थी। इतनी देर बाहर घूमते और थके रहने के कारण कमल बोस का मन उतरा हुआ था। मन के उतरे और उकताए होने की वजह यही थी कि वे कुछ भी साफ़-साफ़ समझ नहीं पा रहे थे। एक तरफ़ तो चाँदनी कहती है, 'मैं तो कहीं की नहीं रही ! न यहाँ मन लगता है, न वहाँ।' और फिर दो सौ अस्सी देने की बात कहती है—'मैंने तुम्हारे बीस रुपए बचा दिए हैं... ।'

एक बार तो लगा था कि मंगलसिंह ही ठीक कहता था, पर फिर कमल बोस का मन अपने को भी दोष देने लगा था—आख़िर वे ख़ुद यह तमाशा क्यों कर रहे हैं ? क्या चाँदनी से साफ़-साफ़ नहीं कहा जा सकता ? यही कि वे कौन हैं और उससे क्या चाहते हैं ? वह बेचारी क्या समझ सकती है ? आखिर यह सारा खिलवाड़ किसलिए ?...यह

आत्मा इतनी धीमी क्यों हो गई है ? आत्मा के प्रश्न इतनी सावधानी क्यों चाहने लगे हैं ? खेल चलता रहे और आत्मा धुलती रहे...क्या यह रवैया इन पच्चीस बरसों की देन है ? चाँदनी की आत्मा के उजलेपन को पहचान लेना, पर फिर भी संशयग्रस्त रहना...क्यों ? दो सौ-चार सौ रुपए ख़र्च करके अपनी आत्मा की उज्ज्वलता को अपने लिए साबित कर लेना और दूसरे के लिए ब्रह्म का वास्ता देकर कि वह भी उतर आए तो रास्ते पर नहीं ला सकता...कहकर अपनी उज्ज्वलता पर गंगाजल छिड़क लेना—यह सब क्या है ?

बहुत आहत भाव से कमल बोस ने लाइट जलाई थी, तो देखा था, बँगले के लकड़ी के फ़र्श पर वही खड़िया से 'पालाचुक' की सात खानोंवाली नसेनी बनी थी...!

कितनी अजीब है यह लड़की...सोचते हुए और थके हुए कमल बोस अपने कमरे में जाकर लेट गए थे। उन्होंने तय कर लिया था कि अब और ज़्यादा वे इस खेल को नहीं बढ़ाएँगे। अगर चाँदनी आ गई तो सीधे-सीधे उससे कह देंगे—'मैं तुम्हें अपनी बेटी बनाकर अपने साथ रख सकता हूँ !' अगर वह खुद ही नहीं आई तो अब वे बात को और ज़्यादा नहीं बढ़ाएँगे। अपना सामान समेटेंगे और वापस चले जाएँगे। वे लस्त-से बिस्तर पर लेट गए थे।

मंगलसिंह ने आकर जगाया, तो उन्होंने कह दिया, "तुम खा लो। मेरा मन नहीं है।"

उन्होंने यह भी नहीं पूछा कि चाँदनी कहाँ है, कहीं आई तो नहीं...मंगलसिंह का जवाब उन्हें मालूम था। मालूम तो उन्हें खुद ही था। नींद टूट गई तो वे एक किताब उठाकर पढ़ने लगे। अब उन्हें आहट का भी इन्तज़ार नहीं था। चाँदनी आ गई तो ठीक, न आई तो ठीक। वे फ़ैसला ले चुके थे।

लेकिन इस फ़ैसले का रूप यह होगा, इसका अन्दाज़ उन्हें क़तई नहीं था...।

रात काफ़ी गुज़र चुकी थी, यों भी पहाड़ों पर रात जल्दी गहरा जाती

है। पर कमल बोस को रात गहरी हो जाने का होश तब आया, जब चाँदनी ऐन उनके सामने आकर खड़ी हो गई थी।

वह पूरी तरह सजी हुई थी ! आते ही उसने उनकी किताब छीनकर एक तरफ़ फेंक दी थी और कमल बोस को अपनी बाँहों में घेर लिया था !

"अरे...अरे...तू पागल हो गई है ! छोड़...अरे...!" कमल बोस कहते ही रह गए थे कि उसने उनके कपड़े नोच दिए थे और अपने जलते हुए होंठ उनके सर्द होंठों पर रखने की कोशिश की थी कि कमल बोस बिजली की तरह छिटककर अलग खड़े हो गए थे। पागलों की तरह उसने फिर कमल बोस को जकड़ लिया था और इस बार उन्हें क्षत-विक्षत करके रख दिया था। हाँफते-हाँफते उसने अपने लाली-रँगे होंठ उनके होंठों पर रख ही दिए थे कि कमल बोस ने एक भरपूर तमाचा मारा था।

तमाचे की आवाज़ कमरे में रुकी रह गई थी।

वह अवाक् खड़ी रह गई थी।

फिर कमल बोस कुचले साँप की तरह फुंकार उठे थे, "नादान ! पागल ! तुझे पता है, मैंने बेटी क्यों कहा था ? तू मेरी बेटी की तरह है। हाँ...तेरी माँ...चन्दा...जिन्दगी-भर मेरा...हाँ...मेरा ही इन्तज़ार करती रही...मैं वही डॉक्टर हूँ, चाँदनी ! वही डॉक्टर हूँ...।"

"तुम ! डॉक्टर ! वही डॉक्टर हो जिसने मेरी माँ की ज़िन्दगी चौपट कर दी.. ?" चाँदनी बिफरी थी, "तो तुम वही हो...तुम... तुम...!" वह दाँत पीसने लगी थी।

"हाँ ! हाँ ! मैं...मैं...उसी की खोज में आया था।" वे जैसे-तैसे बोले थे।

"तो...वही हो तुम...?" कहते हुए वह पीछे हटती गई थी।

"हाँ चाँदनी ! अगर किस्मत में होता तो तू मेरी लड़की होती। मेरी और चन्दा की लड़की !" उन्होंने आख़िर कह ही दिया था।

"झूठ मत बोलो ! तुम झूठे हो।" और चीख़ती हुई चाँदनी पागलों की तरह भागती चली गई थी, उसी अँधेरे में...।

रात जैसे-तैसे गुजर गई थी। सुबह होते ही डॉक्टर ने अपना सामान समेट लिया था। मंगलसिंह ने सब कुछ बँधवा दिया था। मंगलसिंह को सब पैसे और बख़्शीश देकर कमल बोस चलने लगे तो उसने इतना ही कहा था, "सलाम साहब, फिर आइएगा।"

वे फीकी-सी हँसी हँसकर रह गए थे।

"बड़ी बदकिस्मत लड़की है चाँदनी...आप जैसा साब मिला, फिर भी..." मंगलसिंह के पास शायद और कुछ कहने को उस वक़्त नहीं था।

"बदक़िस्मत मैं हूँ, मंगलसिंह !" और गाड़ी स्टार्ट करके वे वापस कलकत्ता चल दिए थे। मंगलसिंह देर तक हाथ हिलाकर विदा देता रहा था। कमल बोस अभी पहले ही मोड़ पर आए थे कि अपने कार के शीशे में उन्हें चाँदनी आती दिखाई दी थी, उन्होंने फ़ौरन ब्रेक लगाकर गाड़ी रोक दी थी। कुछ देर बाद एक छोटे टीले से चाँदनी भागती-भागती आ गई थी और उस ओर वाली पटरी पर खड़े होकर चुपचाप उन्हें ताकती रही थी। हाथों में कुछ चीज़ छिपाए हुए थी।

एक क्षण उसे देखकर कमल बोस ने कहा था, "ऐसे क्या देख रही हो ! यहाँ आओ।" वह पास आई थी तो उन्होंने उसे कुछ छिपाते हुए देखकर पूछा था, "हाथ में क्या है ?"

चाँदनी ने हाथ में दबी तस्वीर सामने कर दी थी, जो मुड़-तुड़कर अब तक काफ़ी खराब हो गई थी। कमल बोस को सब याद आ गया था। यही तो वह तस्वीर थी, जो पच्चीस साल पहले एक दिन उसकी किताब में से निकल पड़ी थी और चन्दा ने अपने पास छिपाकर रख ली थी। कमल बोस ने तस्वीर लेते हुए चाँदनी की आँखों में देखा था।

"यह तुम्हीं हो ?" उसने बुदबुदाते हुए पूछा था।

"हाँ !" गहरी साँस लेकर कमल बोस ने कहा था।

"बहुत बदल गए, पहचान में तो नहीं आते।" चाँदनी ने जैसे तस्वीर से उनकी शक्ल मिलाते हुए कहा था।

उन्होंने तब बहुत मुश्किल से कहा था, "मेरे पास अब कोई जवाब नहीं है, चाँदनी...चन्दा मिलती तो शायद...!"

"वो तो पागल होके मर गई। उनकी ज़िन्दगी तो तुमने चौपट कर दी !" वह बोली थी।

"हाँ चाँदनी, लेकिन अब तुम मेरा साथ दो, मेरी बची-खुची

ज़िन्दगी शायद राहत की साँस ले सके। आओगी मेरे साथ...मेरे पास रहोगी...? यही समझ लो, मैं तुम्हारे पिता की तरह तुम्हें तुमसे माँग रहा हूँ...अगर...'' कहते-कहते उनका गला बुरी तरह सूख गया था।

चाँदनी की निगाहों में सन्नाटा था। वह जैसे कुछ समझ ही नहीं पाई थी, पर फिर एकाएक बोली थी, ''अब...इसमें...क्या रखा है...ओ माँ...!'' और हथेलियों से उसने दोनों आँखों को दबा लिया था। उसके पैर जैसे जवाब दे रहे थे। वह थकी-सी अलग हटकर खड़ी हो गई थी, जैसे उसे कुछ लेना-देना न रह गया हो !

''अच्छा...!'' कमल बोस ने न जाने कैसे कहा था और उसके फ़ैसले को मंजूर करके वे कब गाड़ी की सीट पर आकर बैठ गए थे, कब उन्होंने गाड़ी स्टार्ट की थी और कब कलकत्ते की ओर अकेले ही चल पड़े थे, इसका भी अहसास उन्हें नहीं रह गया था।

गाड़ी काफ़ी दूर निकल आई थी।

वह पुरानी मुड़ी-तुड़ी अपनी ही तस्वीर उन्होंने कब सीट पर रख दी थी, यह भी अन्दाज़ नहीं था। चाँदनी ने भी उनकी वह तस्वीर वापस नहीं माँगी थी और वे उसे लौटा देते या लौटा सकते...इसका न तो कोई अर्थ रह गया था और न उनमें इतना सहज साहस ही शेष था...न ख़याल ही आया था...!

पच्चीस बरस पहले की वह तस्वीर और पच्चीस बरस बाद उसी तस्वीर को उसी की शक्ल से मिलाती और अचरज-भरी आँखों से देखकर कहती हुई चाँदनी जैसे अब भी सामने खड़ी थी—'पहचान में तो नहीं आते !'

कमल बोस ने गाड़ी रोकी थी। घुटती साँस से छुटकारा पाने के लिए वे सड़क के किनारे एक पत्थर पर बैठ गए थे और खुद अपने से ही बोले थे, ''शायद...यह सच ही है...।''

कलकत्ता जानेवाली सड़क सामने पड़ी थी और वह सड़क भी, जो कलकत्ता नहीं जाती थी। सड़क तो एक ही थी, पर...!

'अब...इसमें...क्या रखा है !' चाँदनी ने कितनी जल्दी और सीधे-सीधे वह आख़िरी फ़ैसला ले लिया था ! अब उनके फ़ैसले की क्या औक़ात रह गई थी ! फ़ैसले का वक़्त पीछे छूट गया था।

●●●